AF741998

Une mascarade de justice en République démocratique du Congo

Abbé Richard ISUNGU KAKOKO

Une mascarade de justice en République démocratique du Congo

L'Harmattan

© L'Harmattan, 2018
5-7, rue de l'Ecole-Polytechnique, 75005 Paris

http://www.editions-harmattan.fr

ISBN : 978-2-343-15122-9
EAN : 9782343151229

Je dédie ce livre à toi qui as été condamné injustement.

Que la conviction de ton innocence
Te fasse vivre paisiblement
Dans la joie d'enfant de Dieu
Malgré le sadisme de tes bourreaux
Et le décor carcéral dans lequel tu te trouves.

Mais, sans croiser les bras,
Sans te lasser,
Fais ce qui est en ton pouvoir
Pour combattre et dénoncer l'injustice
Afin qu'advienne un Etat de droit.

SIGLES ET ABREVIATIONS

ACAJ : Association congolaise pour l'accès à la justice
ACGT : Agence congolaise des grands travaux
ADN : Acide désoxyribonucléique
ANR : Agence nationale de renseignements
ARC : Alliance pour le renouveau du Congo
ASADHO : Association africaine de défense des droits de l'Homme
CENCO. : Conférence épiscopale nationale du Congo
CENI : Commission électorale nationale indépendante
CLC : Comité laïque de coordination
CNDH. : Commission nationale des droits de l'Homme
CNPP : Centre neuro-psycho-pathologique
CPRK : Centre pénitentiaire et de rééducation de Kinshasa
CSAC : Conseil supérieur de l'audiovisuel et de la communication
DGI : Direction générale des impôts
DGRK : Direction générale des recettes de Kinshasa
ECC : Eglise du Christ au Congo
FPI : Fonds de promotion de l'industrie
LICOCO : Ligue congolaise de lutte contre la corruption
LUCHA : Lutte pour le changement
MLC : Mouvement de libération du Congo
MP : Majorité présidentielle
M-pesa : Un système de micro financement par téléphone mobile
ONG : Organisation non gouvernementale
PNC : Police nationale congolaise
PGR : Procureur général de la République
RCD : Rassemblement congolais pour la démocratie
RDC : République démocratique du Congo
RFI : Radio France internationale
RTGA : Radio télévision groupe l'avenir

RTNC : Radiotélévision nationale congolaise
PPRD : Parti du peuple pour la reconstruction et la démocratie
SPP : Servitude pénale principale
UDPS : Union pour la démocratie et le progrès social

INTRODUCTION

Mon dossier judiciaire et mon séjour en prison m'ont permis de palper du doigt la manière dont la Justice fonctionne dans mon pays, la République démocratique du Congo. Je me suis donc rendu compte que la Justice n'y existe que de nom, étant gangrenée par beaucoup de maux. C'est une mascarade de justice, un simulacre de justice.

Me situant devant mes responsabilités de citoyen congolais, je me suis refusé de demeurer un simple spectateur, dans un silence complice et coupable, devant un tel désastre qui ruine mon pays. Martin Luther King disait : « Notre vie commence à s'arrêter le jour où nous gardons le silence sur les choses graves. » J'ai donc décidé de dénoncer tous ces maux pour que leurs auteurs ne continuent pas à nous prendre tous pour des idiots, des dupes, des naïfs.

Et lorsqu'on se remémore les interventions des uns et des autres lors de certaines rencontres, spécialement les états généraux de la Justice, les rentrées judiciaires et les sessions du Conseil supérieur de la magistrature, on est perdu ; on ne les reconnaît pas dans ces agissements qui contredisent, de fond en comble, leurs propos. Nous avons donc affaire à des hommes qui professent, dans leurs discours, ce dont ils ne sont aucunement convaincus ; ils ne le font que pour une certaine consommation extérieure. C'est dommage !

Nous pensons que notre travail les poussera peut-être à se sentir interpelés dans leur conscience, s'ils en ont encore une, pour changer de cap en s'investissant dans l'avènement d'un Etat de droit et l'établissement d'une Justice équitable pour tous. Tous les Congolais devront en prendre conscience et y travailler.

Pour atteindre notre objectif, les deux premiers chapitres exposent, au grand jour, les maux qui rongent la Justice congolaise en général. Le troisième traite de la gestion calamiteuse des maisons carcérales, les prisons. Le quatrième propose quelques pistes de solutions pour que la cette Justice revête sa belle robe. Le cinquième enfin, suggère, aux victimes de l'injustice, une ligne de conduite à tenir.

CHAPITRE I
LE POISSON POURRIT PAR LA TÊTE

Dès que la tête du poisson est pourrie, le reste l'est aussi, forcément. Dans le contexte de la Justice en République démocratique du Congo, la tête représente ceux qui tiennent les rênes de celle-ci. A observer comment ils s'immiscent, de manière malencontreuse et incisive, dans les dossiers judiciaires, nous sommes en droit d'affirmer que la Justice congolaise n'en est pas une. En effet, lorsque ceux qui sont censés défendre et protéger la loi agissent ainsi, que faudra-t-il attendre de leurs subalternes ?

En exploitant mon cas, je voudrais montrer comment le premier Président de la Cour suprême de Justice, Monsieur Jérôme Kitoko et le ministre de la Justice, Monsieur Alexis Thambwe Mwamba, y avaient joué un rôle prépondérant. Les traces de leur main noire ont été perceptibles dans mon dossier.

De plus, je voudrais relever les défaillances et les insuffisances des deux autres institutions de la Justice congolaise, à savoir, le Parquet général de la République et la Cour constitutionnelle. Leur façon de travailler, contraire à leur mission, ne peut que tirer notre Justice vers le bas.

Il sera enfin question, dans notre développement, de la manière dont le Magistrat suprême viole la Constitution.

I.1. LES IMMIXTIONS ET INTERFERENCES MALENCONTREUSES DE CERTAINES AUTORITES DANS MON DOSSIER

I.1.1- Quand la tribu prend de l'ascendant sur le droit

J'avais été arrêté, à Kindu, le 10 juillet 2014. Quelques mois après, j'avais comparu au Tribunal de grande instance de Kindu, sous le R.P. 10.517 : Ministère public et partie civile contre Abbé Richard Isungu, pour une présomption d'abus de confiance.

Alors que le tribunal s'apprêtait à m'acquitter au vu de l'absence de preuves pour m'inculper, la partie civile et ses avocats, se sentant en difficulté, avaient jugé bon de se servir de la très sensible corde tribale pour trouver une bouée de sauvetage.

C'est ainsi que Monsieur Jérôme Kitoko, Premier président de la Cour suprême de Justice, étant de la même tribu que le représentant légal de la partie civile et ses avocats, fut consulté. Il lui avait été demandé de tout faire pour obtenir ma condamnation parce que mon acquittement serait au passif des intérêts de la tribu. La même demande fut amplifiée par un ancien ministre national bien connu, et un médecin d'une grande formation médicale de la capitale, respectivement cousin et grand frère du représentant légal.

Monsieur Jérôme Kitoko leur proposa alors d'adresser, à la Cour suprême de Justice, une requête en renvoi de juridiction pour cause de suspicion légitime, afin de lui permettre d'agir en sourdine et couper court aux « velléités » des juges de Kindu. Ce fut fait : une requête aux motifs fallacieux.

Au moment où nous nous préparions à entrer dans la salle pour la dernière audience avant le jugement, le tribunal nous présenta l'arrêt de la Cour suprême de

Justice dessaisissant le Tribunal de grande instance de Kindu du dossier. A voir la manière dont les choses s'étaient passées, il est clair qu'une main noire, celle de Monsieur Jérôme Kitoko, avait agi sous coulisses. Pour preuve : l'arrêt de la Cour suprême de Justice, daté du 27 février 2015, était obtenu à la requête de la partie civile signée le 26 février 2015 (sur la base d'une procuration du représentant légal de la partie civile du 26 février 2015) et déposée le même jour au greffe de la Cour qui avait statué le lendemain 27 février 2015, suivant une ordonnance de fixation d'audience obtenue le 26 février 2015.

Il est de coutume, à la Cour suprême de Justice, de ne faire passer, à l'audience du vendredi, que les requêtes introduites ou déposées avant le mercredi de la même semaine. Mais pour mon cas, on avait siégé, le vendredi, sur une requête déposée le jeudi, soit la veille. Pourquoi avait-on changé les règles du jeu ?

Cette rapidité administrative est très curieuse quand on sait que certains esprits pleins d'imagination n'hésitent pas à qualifier cette Cour de « congélateur », vu le temps que les dossiers prennent avant d'être traités. Toute une mascarade de Justice.

Dans la poursuite de la logique susmentionnée, le 20 juillet 2015, un nouvel arrêt de la Cour suprême de Justice ordonna le renvoi de la cause R.P.10.517 du Tribunal de grande instance de Kindu à celui de Kinshasa/Gombe. C'est ainsi que, le 23 septembre 2015, je fus transféré à la prison centrale de Makala en vue de comparaître devant le Tribunal de grande instance de Kinshasa/Gombe.

En soulignant le tribalisme utilisé par Monsieur Jérôme Kitoko, je n'ai nullement l'intention d'indexer ou de diaboliser toute la tribu lega. Calquer, sur une tribu, les défaillances ou dérapages de l'un de ses membres, leader soit-il, relèverait d'un manque d'objectivité et d'une certaine malhonnêteté intellectuelle. Car, dans ladite tribu, il y a des hommes qui méritent toute mon estime, ma considération ; des hommes qui, grands d'esprit en ce siècle de la globalisation, se conduisent comme des citoyens du monde, loin de toute bassesse de tribalisme. Bien plus, je compte personnellement beaucoup d'amis parmi les frères de la tribu lega. D'ailleurs, depuis mon incarcération, l'un d'eux me versait, chaque mois, deux cents dollars pour ma survie.

I.1.2- Un haut magistrat qui torpille la Justice

Arrivé à Kinshasa le 23 septembre 2015, ma première comparution, devant le Tribunal de grande instance de Kinshasa /Gombe, n'avait eu lieu qu'en janvier 2016, selon le bon vouloir et les caprices du « fameux » avocat Stéphane Kamundala, qui devait d'abord fêter avec sa famille à Kindu avant de se rendre à Kinshasa. Tout leur était possible parce qu'il suffisait que « l'autre » tousse pour que le tribunal se soumette, même pour fixer la date de l'audience. Imbus d'eux-mêmes, certains avocats de la partie civile disaient à qui voulait les entendre : « Aujourd'hui, la Justice est entre nos mains, nous les Lega.» En effet, tous leurs avocats, plus de cinq, étaient d'une même tribu, la tribu lega. Qui pourra encore douter du caractère tribal dont on avait revêtu ce dossier ?

A la deuxième audience, la plaidoirie avait eu lieu. Il s'était avéré que les trois éléments constitutifs de l'infraction n'étaient pas réunis. Et pour ce faire, mes avocats et l'assistance s'attendaient à mon acquittement pur et simple. Mais la confidence que l'un de leurs avocats avait faite à un jeune de Kindu après l'audience m'avait tiqué : « la condamnation de l'Abbé Richard est déjà décidée loin de cette salle ».

Huit jours après, le verdict tomba ; on me condamna pour trois ans de SPP. Et comme il fallait s'y attendre, c'est toujours le « fameux » avocat qui fut le premier à divulguer la « bonne nouvelle » de ma condamnation dans tout Kindu.

Trois jours après ce verdict, j'avais rencontré, par hasard, le président de la composition dans le couloir qui longe la salle d'audiences de la prison de Makala. Je pris le courage de l'approcher et lui dis : « Mon frère, vous m'avez condamné alors que j'avais présenté toutes les preuves de mon innocence ! Acceptez-vous de porter mon sang innocent entre vos mains ? » Confus, il me dit, et non sans peine : « Monsieur l'Abbé, nous devons protéger notre travail, notre chef nous a instruits de vous condamner, sinon son frère serait dans les mauvais draps». Ce n'est pas Monsieur Roger Songambele, président du Tribunal de grande instance de la Gombe, qui niera d'avoir déclaré la même vérité à Monsieur X. Oui, les instructions ou consignes venaient de Monsieur Jérôme Kitoko et d'une autre personnalité que je citerai au point suivant.

Toujours convaincu de mon innocence, j'avais alors décidé d'interjeter appel ; mais c'était sans compter avec le degré de nuisance de Monsieur Jérôme Kitoko. Les mêmes instructions furent communiquées et on reconduisit la peine du premier degré.

Il en ressort, de toute évidence, qu'ils cherchaient, coûte que coûte, ma condamnation pour se dédouaner ou se disculper, de m'avoir injustement traduit en justice, comme bouc émissaire.

En effet, à un jeune qui lui posait la question de savoir ce que la partie civile ferait si je ne parvenais pas à restituer l'argent dont le détournement m'était imputé, l'un de leurs avocats aurait dit : « Le reste ne nous intéresse pas ; nous n'avions besoin que de sa condamnation, car celle-ci justifie l'action judiciaire engagée contre lui ».

Pourquoi la partie civile et ses avocats ne pouvaient-ils pas envisager la saisie des comptes bancaires, immeubles et autres biens qu'ils m'avaient abusivement attribués ? Et ces wagons en provenance de la Chine ou de Dubaï ! Et ceux prétendument interceptés à Samba qui, trois ans après, n'ont toujours pas encore atteint Kindu !

Ils ne prétexteront jamais qu'ils n'avaient pas la possibilité de procéder à ces saisies car, à travers leur frère, le tout-puissant Jérôme Kitoko, ils avaient, entre leurs mains, tout le pouvoir coercitif à la manière dont la Justice fonctionne dans notre pays.

La vérité est qu'il n'en était rien de tout cela. Tous ces comptes bancaires, ces immeubles… ne relevaient que de leur imaginaire, de leur monde chimérique. Ces immeubles n'étaient construits que dans leurs têtes, jamais dans la réalité.

Malgré toutes leurs enquêtes, ils ne sont jamais tombés même sur une seule aiguille m'appartenant dans le sens de leurs investigations ; leur conscience en est témoin. Dans leurs investigations, ils ont plus perdu qu'ils n'y ont gagné, financièrement et matériellement. C'est dommage !

Seul l'avocat, Monsieur Stéphane Kamundala, en était sorti gaillardement requinqué, revigoré, gagnant par ses honoraires et frais de missions ; des missions qu'il programmait à volonté toutes les fois que ses poches le lui exigeaient ou le lui réclamaient. Etait-ce le prix à payer pour un jugement boutiqué d'avance dans certaines officines ?

C'est dans ce sens qu'il faut comprendre les jérémiades de l'un des avocats de la partie civile auprès d'une jeune fille de Kindu, dans un bar de la capitale, à Huilerie en janvier 2016 : « Monsieur l'Abbé N… avait promis de nous donner toutes les preuves des biens de l'Abbé Richard ; mais, maintenant, quand nous lui posons la question, il radote.»

Oui, c'est de cette façon que ce montage grossier, grotesque et odieux s'est enfin effondré comme un château de cartes. Mais ses conspirateurs n'auront jamais ni le courage, ni l'humilité de l'avouer.

Par la grâce de Dieu, j'étais gracié par l'ordonnance présidentielle n° 16/066 du 28 juillet 2016 portant mesure collective de grâce. Je devais donc sortir de la prison le 30 août 2016, comme d'autres bénéficiaires.

L'ayant appris, Monsieur Jérôme Kitoko avait demandé à l'avocat de la partie civile d'écrire une lettre au nom de cette dernière, pour s'opposer à ma libération, arguant que j'avais d'autres causes pendantes à Kindu ; il enjoignit à l'avocat de lui réserver une copie pour information. Il avait alors promptement accusé réception dudit courrier. Il en fit une large diffusion par une multitude de copies pour information.[1] Administrativement, c'est normal qu'il l'ait fait, tout en n'y étant pas tenu. Mais cette action ne parut pas désintéressée, car nos enquêtes ont révélé qu'il ne le fait que lorsqu'il a un intérêt particulier dans le dossier concerné. Les sceptiques pourront le vérifier auprès de ses services. Personnellement je lui avais aussi adressé une copie pour information qui n'a jamais été suivie d'un accusé de réception.

En fait, selon certaines personnes rodées dans la correspondance administrative, il ne l'aurait fait que pour signifier, indirectement, au destinataire de la lettre dont copie lui avait été réservée, qu'il en était au courant et qu'il suivait personnellement, de près, l'évolution du dossier. N'empêche, comme c'est souvent l'habitude dans notre Justice, il l'aurait contacté dans l'informel pour lui indiquer la conduite à tenir.

Au même moment, il instruisit le directeur de la prison de ne pas me laisser partir. Quel acharnement ! Que

[1]Annexe n° 1.

cherchait-il à cacher ? Wait and see, disent les anglophones. L'avenir nous en dira plus ; qui vivra verra.

Toutefois, je ne m'avoue pas vaincu. En son temps, Raoul Follereau, de nationalité française, s'adressait aux grands de ce monde en disant : « Donnez-moi deux bombardiers.» Il les demandait afin que leur équivalant en argent l'aide à lutter contre la lèpre. Je m'adresse aujourd'hui à tous ceux qui me liront en ces termes : « Accordez-moi une nouvelle juridiction qui ne sera pas sous l'emprise de Monsieur Jérôme Kitoko, une juridiction pilotée par des hommes épris de justice, afin que la justice triomphe enfin du mensonge ».

Une telle demande peut paraître illusoire et utopique en considérant les normes de la procédure judiciaire. Mais, je sais que devant le juge suprême, qui ne se laisse pas influencer par qui que ce soit, j'aurai raison sur ces juges iniques, à savoir, Baudouin Kipaka, Benjamin Bulambo et autres, qui ont préféré accomplir la volonté des hommes pour préserver leurs postes, au lieu de dire le droit. Qu'ils se souviennent de ce proverbe italien traduit en français : « Mieux vaut libérer dix coupables que de condamner un innocent ». Que sert à l'homme de gagner tous les postes possibles, s'il doit, pour cela, porter le sang d'un innocent ?

Je suis et je resterai toujours convaincu, jusqu'à mon dernier soupir, que portant le sang de la condamnation d'un innocent entre leurs mains, Monsieur Jérôme Kitoko et ses acolytes en répondront un jour, peut-être déjà sur cette terre, mais sûrement devant le juge suprême. Même leur progéniture pourra en faire les frais devant la mémoire collective.

A Kindu, lorsque mes informateurs m'avaient fait part de certaines contre-vérités débitées lors d'une rencontre à Katako, au troisième trimestre de 2014, j'avais demandé officiellement, par écrit, la convocation d'une rencontre au cours de laquelle chacune de deux parties devait présenter ses éléments de preuves. La séance n'avait pas eu lieu. Ils en connaissent les raisons. Après ma libération, j'avais sollicité, par écrit, une audience auprès du représentant légal. Comme toujours, on me réserva une suite de non-recevoir arguant qu'on ne s'en tenait qu'à la décision judiciaire. *Ceux qui prétendent avoir raison, pourquoi évitent-ils tout dialogue, toute rencontre ou toute confrontation ? Ils ont peut-être peur que la vérité, qu'ils connaissent d'ailleurs, ne puisse leur être flanquée à la figure. Pourquoi continuent-ils alors à se cramponner à un jugement ou à un arrêt qu'ils reconnaissent avoir trafiqué dans cette parodie de Justice ? Alors qu'eux s'accrochent mordicus à leurs décisions de justice manigancées, moi je me battrai toujours pour une rencontre, devant témoins, qui fera éclater la vérité en levant les équivoques et en mettant chacun devant ses responsabilités. Je supplie toute personne éprise de justice de nous y conduire.*

Quoi qu'il en soit, une conviction m'habite toujours au fond de moi-même, celle de la comparution, dans l'avenir, devant une juridiction ne dépendant pas de la Justice de mon pays. Je mets au défi les avocats de la partie civile : ce jour-là, j'aurai gain de cause. L'avenir nous en dira plus. A l'occasion, les complices d'hier risqueront de se rejeter mutuellement la responsabilité de leur forfaiture.

I.1.3- Et quand le ministre de la Justice s'en mêle et s'y interfère

Quelques jours après mon transfert, les deux premiers administrateurs de la partie civile s'étaient aussi rendus à Kinshasa. Et à l'occasion, ils avaient rencontré, dans son cabinet, le ministre de la Justice, Monsieur Alexis Thambwe Mwamba, fils du terroir. Je ne connais pas le contenu de leur conversation ; mais ce que je sais, c'est qu'à leur sortie, le ministre leur avait confié une carte de visite à remettre à Monsieur Roger Songambele, président du tribunal qui devait siéger sur mon dossier. Au verso de ladite carte de visite, l'expéditeur avait mentionné : « ils viennent de ma part ». Aucun des quatre protagonistes - le ministre, les deux administrateurs et Monsieur Songambele - ne pourra consciemment mettre cela en doute. « Ils viennent de ma part !» Comprenez ce qu'une telle insinuation suppose, implique, sous-tend ou sous-entend ! In fine, ma condamnation en découla.

Si la partie civile détenait les preuves palpables, irréfutables, indiscutables et plausibles de ma culpabilité, pourquoi devait-elle encore se donner la peine de faire le Magellan c'est-à-dire le tour du monde ou la ronde des bureaux pour faire accréditer une quelconque thèse ou se procurer des béquilles ou des parapluies ? Normalement, elle n'avait qu'à attendre, calmement et paisiblement, l'issue heureuse du procès à son avantage. C'est bien cette attitude malsaine qui montrait clairement, dès le début, qu'il y avait anguille sous roche.

Quant à moi, je détiens les éléments de preuves de mon innocence ; même si ces juges iniques n'avaient pas voulu en tenir compte, ayant déjà décidé de ma condamnation avant même la comparution, sous l'instigation, la conspiration ou l'« inspiration» de leurs mentors. Je pensais d'ailleurs les compiler sous forme d'annexes au présent livre, mais leur nombre ne me l'a pas permis ; elles seraient plus volumineuses que le contenu de l'ouvrage. Toutefois, je les garde jalousement, car ces documents sont les seuls capables, un jour, de déplumer tous ceux qui m'ont chargé de rêveries. En les parcourant, certains esprits ne pourront qu'être révoltés, choqués, voire scandalisés…

Je partageais un jour ma consternation avec un dignitaire du Maniema en lui posant la question de savoir si les interlocuteurs de la partie civile s'exécutaient par conviction ou par respect. Il me répondit : « Monsieur l'Abbé, de quel respect veux-tu parler lorsqu'on est au courant de tout ce qui se chuchote, dans tous ces bureaux, après leur départ ?»

Oui, le cours des évènements et leur aboutissement ont finalement donné raison à ces chuchoteurs qui ne comprenaient pas comment et pourquoi on devait en arriver jusque-là, parce que, selon eux, considérant l'essence de la partie civile et le statut du prévenu, ce dossier devrait être géré et jugé par des instances appropriées. Il en va d'ailleurs du prestige de la superstructure à laquelle nous appartenons tous.

Et après que j'eusse bénéficié de la grâce présidentielle, la partie civile prit, une fois de plus, langue avec le ministre, lui demandant d'user de son influence pour que je sois maintenu en prison. Le ministre intima ainsi l'ordre, dans ce sens, au directeur de la prison de Makala qui m'en avait lui-même informé. D'ailleurs, le ministre l'aurait avoué à certains de ses proches lors de son passage à Kindu, en janvier 2017.

Et pour preuve : lorsque, après mon recours, le Ministère public avait ordonné au directeur de la prison de me libérer;[2] ce dernier avait refusé d'obtempérer, déclarant qu'il devait d'abord se référer au ministre de la Justice.[3] C'est ce qu'il avait même dit aux agents de la CNDH qui réclamaient ma libération.[4] La même CNDH avait fait mention de mon cas dans son rapport mensuel de février 2017.[5]

---

[2]Annexe n°2.
[3]Annexe n°3.
[4]Annexe n°4.
[5]Annexe n°5.

Tout compte fait, on ne comprendrait pas comment et pourquoi le directeur de la prison se serait donné la peine de se référer au ministre, si ce dernier ne lui avait pas donné de consigne. Imaginons un seul instant qu'un directeur de prison belge puisse se référer au ministre de la Justice de son pays pour libérer un détenu, alors que le Ministère public le lui a déjà ordonné. Je suis tenté de donner raison à ceux qui disent que la République démocratique du Congo est un pays unique en son genre.

Bien plus, au dernier trimestre de l'année 2016, le ministre avait invité deux confrères pour dire la messe à son domicile. En cette circonstance, à l'un d'eux qui voulut avoir des nouvelles au sujet de mon dossier, le ministre aurait dit : « l'Abbé Richard ne quittera pas la prison avant d'avoir payé le dernier sou de la somme que la partie civile lui impute. »

I.1.4- Le triomphe de la vérité

Quelle que soit la durée d'une situation, la vérité finit toujours par sourdre et triompher, dit la sagesse. Lors de son séjour à Kindu, en janvier 2017, le ministre Alexis Thambwe Mwamba avait été approché par certaines personnes qui lui auraient fait certaines révélations au sujet de mon dossier. Il accepta alors finalement d'écouter l'autre son de cloche, après plus de deux ans de refus catégorique dû au crédit qu'il accordait à la version de la partie civile. Dès son retour à Kinshasa, le ministre me dépêcha l'un de ses hommes de confiance, un juriste, me demandant de prouver mon innocence. Nous eûmes trois séances de travail marathon.

Il comprit dorénavant que je n'étais qu'un bouc émissaire, contrairement à toutes les calomnies dont on lui avait bourré les oreilles. Il s'était alors rétracté en ordonnant ma libération,[6] avant même que je n'aie payé le dernier sou, ni même un seul sou de l'argent m'imputé, contrairement à ce qu'il avait affirmé à l'un de deux confrères susmentionnés. Je fus alors libéré le 27 mars 2017, soit huit mois après la signature de l'ordonnance présidentielle.

Ce fut bien à la grande stupéfaction ou surprise de la partie civile. Malheureusement, par manque d'humilité et de sagesse, les avocats de la partie civile s'obstinent toujours à méconnaître la confusion dans laquelle le Seigneur les avait mis : le même ministre sur qui ils comptaient pour me retenir « éternellement » en prison, est le même qui a signé ma libération. Le Seigneur dit : « Maudit l'homme qui se confie dans l'homme. Béni soit l'homme qui se confie dans l'Eternel et dont d'Eternel est l'espérance » (Jr. 17, 5.7). Et au psalmiste de conseiller : « Ne vous confiez pas aux grands, aux fils de l'homme qui ne peuvent sauver » (Ps. 146, 3).

C'est ce revirement que nous attendions aussi de Monsieur Jérôme Kitoko, après qu'il eût découvert les vrais tenants et aboutissants de ce dossier bidon. Mais en vain ! En fait une locution latine dit : « errare humanum est, sed perseverare diabolicum est », c'est-à-dire, il est humain de se tromper, mais persévérer (dans l'erreur) est diabolique. Les intérêts de la tribu, non idoines du reste, étant plus forts que lui, plus importants que ses propres convictions, il a opté de persévérer dans le mal, le mensonge, le sadisme, le clientélisme, le trafic d'influence, le tribalisme…

Il ne peut qu'en être ainsi lorsqu'on considère que le sang des liens tribaux pèse plus que l'eau du baptême, qu'on soit américain ou africain, éthiopien ou congolais,

---

[6] Annexe n°6.

de l'Equateur ou du Maniema, Zimba ou Songola.[7] On fait alors du tribalisme en tout et pour tout. Monsieur le premier Président de la Cour suprême de justice est tombé très bas, au lieu de prendre de la hauteur, au regard de ses responsabilités. Normalement, il devait être au-dessus de la mêlée, tribale soit-elle.

Les lecteurs pourront, à juste titre, se poser la question suivante : l'Abbé Richard était-il dans le secret des dieux pour qu'il soit au courant de tout ce qui se mijotait ou se tramait contre lui ? Je leur répondrai que ma grande source d'information, c'est la grosse gueule, l'indiscrétion des avocats de la partie civile, surtout quand ils ont picolé. J'ai beaucoup appris des sources sûres ; c'est là l'une de mes forces dans ce dossier.

Mes informateurs, ce sont aussi toutes ces personnes qui, conscientes de mon innocence, étaient à l'affût d'informations pour me faire sortir de ce shéol. Je leur suis très reconnaissant. C'est dans le malheur qu'on reconnaît les vrais amis, dit-on.

Pour que la partie civile ne pense pas que je calomnie ses hommes de confiance, je m'en vais révéler un fait qui ne serait connu que par les deux premiers administrateurs et l'un de leurs avocats : Ayant appris que j'étais bénéficiaire de la grâce présidentielle et que ma libération était imminente, le deuxième administrateur en avait directement informé sa hiérarchie qui, à son tour, avait précipitamment convoqué l'un des avocats à sa résidence où, d'urgence, une réunion s'était tenue. Les trois réfléchissaient sur les voies et moyens dont il fallait se servir pour continuer à me maintenir en prison. Et cet avocat avait même confié à mon informateur: « à voir comment le deuxième administrateur transpirait et était excité pendant la réunion, j'ai l'impression qu'il a un

[7] L'Equateur et le Maniema sont deux des Provinces de la RDC ; le Zimba et le Songola sont deux des tribus de la Province du Maniema.

problème personnel avec l'Abbé Richard ; je pense même qu'il serait à la base de certaines actions initiées contre lui».

Il avait été décidé, au cours de ladite réunion, de faire appel au grand mentor, Monsieur Jérôme Kitoko, Premier président de la Cour suprême de Justice. D'où sa proposition d'écrire officiellement une lettre pour s'opposer à ma libération. Par quelle voie mon informateur était-il au courant de toutes ces tractations ? Sûrement, pas par l'un de deux administrateurs.

I.2. UN PARQUET GENERAL DE LA REPUBLIQUE DE L'IGNOMINIE

I.2.1- Un Parquet général de la République déguisé en chien de garde du pouvoir en place

Certaines personnes se servent de leurs chiens de garde pour préserver ou protéger leurs concessions, domaines ou parcelles ; elles les envoient mordre tout celui qui présente une menace. C'est de cette même manière que la MP use du Parquet général de la République ; elle l'utilise pour nuire à tous ceux qui se déclarent ou s'érigent comme adversaires politiques ou obstacles au pouvoir en place.

Le Parquet général de la République n'hésite jamais à mettre la main sur toute personne ou groupes de personnes qui chercheraient à s'opposer ouvertement aux abus du régime. C'est ici qu'il faut comprendre tout l'acharnement de notre appareil judiciaire à l'endroit des opposants, des jeunes de LUCHA ou de Filimbi.

C'est dans ce contexte que ceux qui avaient marché le 19 septembre 2016, pour rappeler la fin du mandat du Président de la République, se sont retrouvés à Makala, avec des infractions imaginaires. Ils y étaient détenus sans aucune pièce de détention. C'est sous nos yeux que, quelques jours après, les magistrats étaient passés pour régulariser leur détention. Quelle Justice !

Le Procureur général de la République a ouvert une information judiciaire pour "faux et usage de faux" en rapport avec la nationalité de Moïse Katumbi.[8] Ayant l'unique mobile d'écarter ce dernier de la présidentielle, cette action décrédibilise davantage le Parquet général de la République.

Le PGR sait bien que certains des animateurs des institutions de la République détiennent d'autres nationalités concurremment avec la nationalité congolaise. Quelle action a-t-il déjà initiée contre ces ministres, députés ou sénateurs ?

Selon plusieurs médias, Monsieur Gustave Beya Siku aurait été refusé, comme ambassadeur à Bruxelles, à cause de sa nationalité belge. En effet, Paul Muland écrit : « les autorités belges trouveraient donc absurde d'accréditer un Belge, c'est-à-dire leur propre citoyen, pour représenter un Etat étranger, la RD-Congo, dans leur pays ».[9] Et, comme pour prouver aux Belges qu'il n'y avait aucun problème à détenir une double nationalité en RDC, on le nomma, par la suite, ambassadeur en Angola. Pourquoi le Procureur général de la République n'avait-il pas saisi la balle au bond en ouvrant une information judiciaire contre Monsieur Gustave Beya Siku qui se serait abusivement servi de la nationalité congolaise pour occuper l'une de hautes fonctions du pays, celle de directeur de cabinet du Président de la République ?

---

[8]Trésor KIBANGULA, « RDC : une information judiciaire ouverte contre Katumbi… », dans *jeuneafrique,* [*En ligne*], http : //www.jeuneafrique.com / 546571 / société.

[9]Paul MULAND, « Kabila son ancien Dircab Beya Siku, refusé comme ambassadeur à Bruxelles », dans *7 sur 7.cd*, [En ligne] https://7sur7.cd/new/2015/2015/06.

Comment nous justifie-t-il son silence lorsqu'il avait été établi que Samy Badibanga, Premier ministre nommé d'alors, était de nationalité belge ? Pourquoi ne s'en était-il pas pris à ce Belge qui a usurpé de la nationalité congolaise pour, d'une part se faire élire député national, et d'autre part accepter d'être nommé Premier ministre ?

Son action publique était-elle en somnolence par rapport à tous ces cas énumérés ci-dessus ? La réponse est simple : « tant qu'il n'en a pas encore reçu l'ordre, de la part de son maître, un chien de garde, bien dressé, ne peut pas mordre.» Sans doute, nous sommes en face d'une Justice dictée, manipulée et téléguidée par la MP. D'où, une Justice à deux vitesses dont nous parlerons amplement au deuxième chapitre.

Monsieur le Procureur général de la République est-il à l'aise dans sa peau de pasteur d'Eglise ? Auteur d'une justice discriminatoire ou sélective, aura-t-il encore le courage de prêcher sur Galates 3, 28 qui proscrit la discrimination ? Ferait-il partie de ces pasteurs qui disent à leurs fidèles : « suivez ce que je dis et non ce que je fais » ? Notre identité chrétienne ou pastorale n'est pas un costume qu'on ne porterait qu'à l'entrée de l'Eglise : nous devons en témoigner partout : au marché, sur la route, au bureau, et même au Parquet général de la République.

Au premier siècle avant notre ère, pour démasquer la deuxième conspiration de Catilina, Cicéron dit : « Jusques à quand, Catilina, abuseras-tu de notre patience ? » A sa suite, je me permets de tenir ce discours : « Jusques à quand, MP, abuseras-tu de notre Justice pour réaliser tes plans macabres et sadiques ? » Souvent, ils disent sans rire : « en politique, tous les coups sont permis. » Ils se présentent ainsi, au nom de cette politique, comme des hommes sans foi, ni loi, ni morale. D'un tel type d'hommes, peut-on attendre l'excellence dans la gestion de la *res publica* (chose publique ou République) ? Ils ne peuvent que précipiter la République dans les profondeurs des abîmes ; comme c'est le cas aujourd'hui.

Nous sommes tombés très bas, non seulement économiquement, mais aussi moralement. Une vidéo a fait le buzz sur les réseaux sociaux. On y voit le secrétaire permanent du parti présidentiel, Emmanuel Shadari, inviter leurs militants à l'immoralité en leur demandant de répondre à l'insulte par l'insulte. En lingala, il disait : « soki bafingi yo, yo pe finga bango [...] balobi na yo "mama na yo", yo pe loba, "mama na yo", [...] fioto... fioto [...] nyama na yo... nyama na yo...» Quelle éducation de la masse ! Comme si cela ne suffisait pas, il a distillé le même discours de violence à Mbandaka le 06 mai 2018 ; plusieurs forces vives de l'Equateur ont, à l'unisson, désapprouvé un tel comportement qui, indigne d'un homme d'Etat, peut déboucher sur une guerre civile.

Au moment où le peuple congolais croupit dans une misère noire, nous avons entendu le même secrétaire permanent, dans la même vidéo, se vanter en ces termes : « nous avons l'argent, beaucoup d'argent parce que nous sommes le parti présidentiel ». Voilà l'une des pires manières de se moquer du peuple congolais qui a été paupérisé par ce même parti présidentiel. Peut-on moralement se prévaloir d'une richesse dont le propriétaire, le peuple congolais, ne jouit pas et vit misérablement ? Quelle inversion des valeurs ! Le pathologique devient normal, lorsqu'on prend plaisir à se prévaloir de ses propres turpitudes. Et à Likasi, lors de son meeting, il a exhibé des billets de dollars américains. Le partage du butin s'est terminé dans la bagarre. A l'occasion, un politicien de Likasi aurait dit : « s'ils ont bien dirigé la RDC, pourquoi les Congolais se battent-ils pour des miettes ? [...] Pour retrouver leur dignité, les Congolais doivent se lever et chasser leurs bourreaux qui se maintiennent au pouvoir par défi »[10]. Quant à moi, je me suis demandé : ne pouvait-il pas se servir de cet argent pour aider les enfants qui souffrent de malnutrition au Kasaï ? Ont-ils un cœur de pierre en lieu et place d'un cœur de chair ?

Lors de l'émission *Kiosque* du 04 juin 2018, sur la CCTV, faisant allusion à ces extravagances d'Emmanuel Shadari, le journaliste Mike Mukebayi fit une extrapolation en disant : « ceux qui sont au sommet de l'Etat sont pires que les "Kulunas"[11] qui sont dans la rue ». Il est vrai qu'un tel comportement, de la part d'un homme politique de sa trempe ou de son rang, inquiète et scandalise plus d'un Congolais. On a l'impression d'être en face d'un va-t-en-guerre. J'ai même entendu un compatriote se demander si le secrétaire permanent du PPRD ne se droguait pas avant de prendre la parole lors de ces meetings. Je suis convaincu qu'il ne peut aucunement en être ainsi ; cette figure emblématique du pouvoir ne peut ni se le permettre, ni y penser. Toutefois, cette escalade verbale et les commentaires qui en découlent me laissent souvent perplexe.

S'adressant au même Catilina, Cicéron poursuit : « Combien de temps ta folie nous défiera-t-elle ? Jusqu'où ton audace effrontée se déchaînera-t-elle ? » Et moi, fils de mama Germaine,[12] que puis-je dire de plus à ces conjurateurs manipulateurs d'une parodie de Justice ? Que puis-je encore dire à ces politiciens qui incitent des compatriotes à la violence et aux attitudes belliqueuses ? Quel discours puis-je tenir à ceux qui se prévalent de leur

---

[10] Jean Luc KIENGE, « Likasi : Le SG du PPRD, Shadary continue à humilier Joseph Kabila », dans *VAC RADIO*, [En ligne], https : //Vacradio.com.

[11]Selon Wikipédia, les Kulunas sont une bande de hors-la-loi, des jeunes incontrôlables identifiés comme tels. Ils volent, rackettent, blessent, tuent ou coupent, de préférence les bras de leurs victimes, avec les machettes dont ils sont armés.

[12]Germaine est le prénom de ma mère.

propre turpitude afin qu'ils reviennent enfin à la raison et fassent preuve d'une conscience droite et de bienséance ?

I.2.2- Un Parquet général de la République passif et complaisant à l'égard des dignitaires de la Majorité présidentielle

Etant au service du pouvoir, le Parquet général de la République ne peut que s'empêcher d'initier toute action judiciaire qui nuirait à la MP ou ternirait davantage son image. D'où son silence ou sa passivité dans le dossier du Fonds pour la promotion de l'industrie, FPI en sigle.

Le FPI réclame plus de cent millions de dollars américains à certains compatriotes qui avaient bénéficié de ses crédits.[13] Une commission parlementaire avait tablé sur ce dossier et avait produit un rapport y relatif.

Malheureusement, tout en le sachant, la Justice de mon pays avait gardé et garde encore un silence radio. La raison en serait le fait que les cadres de la MP y sont aussi débiteurs. Il s'agit notamment de Messieurs Joseph Kokonyangi, secrétaire général adjoint de la MP et ministre de l'Urbanisme, Norbert Basengezi, vice-président de la CENI et membre influent de la MP, Tryphon Kin-key Mulumba, Aimé Ngoy Mukena... Certaines langues citent Monsieur Aubin Minaku, secrétaire général de la MP et président de l'Assemblée nationale, qui se serait servi de la couverture de l'ONGD de son père pour bénéficier de cet argent. Le FPI octroie-t-il des crédits aux ONGD ?

L'implication de telles personnalités dans ce dossier est symptomatique, révélatrice ; elle met sur la place publique le mode de gestion chaotique de cette MP qui permet à ses

[13]Christophe MUNOKI, « RDC : Les débiteurs du FPI bloquent 140 millions USD dans leurs poches », dans *Journal du Monde*,.[En ligne], http://lejournaldesnations.net/rdc-debiteurs-fpi/20151228.

membres de se servir impunément de l'argent public au détriment du bien commun et de l'intérêt général.

Objectivement et concrètement, que peut-on attendre de ce type de dirigeants ou gestionnaires ? C'est, d'une part, la confiscation du pouvoir pour pérenniser ce régime en vue de se maintenir aux commandes des affaires de l'Etat craignant que l'avènement d'un nouveau régime ne puisse les déstabiliser en les traduisant en Justice, suite à leurs forfaitures lors des deux dernières mandatures. C'est dans cette logique que s'inscrit la fameuse initiative de Monsieur Joseph Kokonyangi, celle de la récolte de signatures en vue d'un referendum. D'autre part, ces prédateurs ne peuvent conduire le pays que vers une impasse ou un marasme économique, comme celui que le peuple congolais connaît et vit aujourd'hui : inflation de la monnaie nationale, baisse du pouvoir d'achat, non-paiement des salaires…

Et lorsque le conseiller spécial du chef de l'Etat en matière de bonne gouvernance et de lutte contre la corruption, Monsieur Luzolo Bambi cherche à mettre de l'ordre dans la boutique, le même Parquet général de la République lui met les bâtons dans les roues. En effet, selon l'article 2 de l'ordonnance présidentielle n° 16/065 du 14 juillet 2016 portant organisation et fonctionnement des services du conseiller spécial, il lui est demandé de recourir « aux services des magistrats du parquet compétent pour tout acte de sa compétence touchant à la mise en œuvre de l'action publique ».

Le 04 août 2017, Monsieur Luzolo Bambi avait transmis, au PGR Flory Kabange Numbi, une liste des mandataires publics et des sociétés pétrolières qui, en complicité avec les banques, sont accusés de fraude fiscale.[14] Mais toutes ces dénonciations sont restées sans

---

[14]Yves NDJADI LOPONGO, « Luzolo Bambi dépose une liste provisoire des mandataires ciblés au procureur général de la

suite. Selon certaines indiscrétions, ce silence serait dû au fait que certains dignitaires de la MP n'y auraient pas des mains propres. Ceux qui étaient dénoncés n'auraient pas été seuls dans cette magouille.

Sans se lasser, Monsieur Luzolo Bambi, le conseiller spécial, a procédé, le 14 décembre 2017, à l'arrestation de hauts cadres de certains services publics. Il s'agit de : le directeur général des recettes de Kinshasa, le secrétaire général de l'Urbanisme et habitat, le conservateur des titres immobiliers de la Gombe et le fonctionnaire dirigeant de l'Agence congolaise des grands travaux (ACGT) auprès de la société Zénit.[15]

S'étant saisi de ces dossiers, le parquet avait conduit les prévenus à la prison centrale de Makala. Cet acte était salué par les Congolais qui ont pensé qu'un nouvel esprit ou un nouveau vent soufflait sur la Justice du pays de Lumumba. Mais c'était sans compter avec la complaisance, la complicité ou la solidarité dans le mal devenue l'hymne national au sein d'une certaine caste.

Sous peu, à travers des interventions médiatiques et médiatisées musclées, le secrétaire général adjoint de la MP, Monsieur Joseph Kokonyangi et le secrétaire général du PPRD, Monsieur Mova Sakanyi, ont craché sur l'action de Monsieur Luzolo Bambi en le vilipendant, alors qu'il n'agissait qu'au nom du Président de la République. Une République bananière !

Cette attitude malsaine des faucons du pouvoir présageait déjà que l'action n'aboutirait pas, qu'elle serait étouffée dans l'œuf. Malheureusement, c'est à cela que les Congolais ont dû assister impuissamment. Les détenus

---

République », dans *Infos Grands Lacs,* [En ligne], http://www.infosgranslacs.info/production.

[15]Anonyme, « RDC : de hauts cadres de la fonction publique arrêtés », dans *BBC Afrique,* [En ligne], http://www.bbc.com/afrique/region.

étaient, quelque temps après, libérés, sous prétexte qu'on leur avait accordé une liberté provisoire.

On aurait ordonné des injonctions pour suspendre, si ce n'est pas classer sans suite ces dossiers parce que les enquêtes conduiraient à l'indexation de certains cadres de la MP, principalement le gouverneur de la ville-province de Kinshasa, Monsieur André Kimbuta Yango et le ministre de l'Urbanisme et habitat, Monsieur Joseph Kokonyangi ; le premier dans le dossier DGRK, et le second dans la vente de l'immeuble UAC. Ils y laisseraient leurs plumes.

Comment interpréter le silence du PGR face à tous ceux qui, ayant dédoublé les partis politiques de l'opposition, utilisent leurs insignes et emblèmes ? Ne sait-il pas que le ministre Félix Kabange Numbi avait infligé, à des compatriotes, des traitements inhumains et dégradants lors de la marche pacifique du 21 janvier 2018 ? Etait-il en vacances à la planète Mars lorsque, le samedi 24 février 2018, les jeunes du PPRD, communément appelés *bérets rouges*, avaient assiégé la Cathédrale Notre Dame du Congo, empêchant ainsi les fidèles de prier ?

La MP attache partout des banderoles ou des calicots qui appellent au troisième mandat du Président Joseph Kabila, en violation de l'article 70 de la Constitution. De même, le gouverneur par intérim du Maniema, Monsieur Jérôme Bikenge et le secrétaire permanent du PPRD, Monsieur Emmanuel Shadari font déjà la compagne de ce troisième mandat au vu et au su de tous les Congolais. Il s'agit là, sans équivoque, des actions de nature à troubler l'ordre public. Mais aucune réaction de la part du PGR ; alors que, au Niger, la Justice a inculpé deux jeunes pour

« avoir demandé publiquement au Président Issoufou de postuler pour un troisième mandat »[16].

Dois-je lui ouvrir les yeux et les oreilles pour qu'il se rende compte de l'appel à la violence qui a caractérisé, ce dernier temps, les propos du secrétaire permanant du PPRD aussi bien à Kinshasa qu'à l'Equateur ? Faudra-t-il lui faire porter des lunettes et des oreillettes pour qu'il s'en aperçoive ? Personne ne les lui avait ouverts lorsqu'il s'agissait de l'honorable Ne Muanda Nsemi ; personne non plus ne les lui avait fait porter lorsqu'il s'agissait des jeunes de la LUCHA ou de FILIMBI.

La presse, tant nationale qu'internationale, a parlé des proches du pouvoir cités dans les "Panama Papers" ; ils sont, avec l'implication du cabinet panaméen Mossack Fonseca, « dans une entreprise de blanchiment et d'évasion fiscale d'envergure internationale ».[17] Aussi, le quotidien belge *Le Soir* a rendu publics les documents qui lui avaient été livrés par Monsieur Jean-Jacques Lumumba, un cadre dirigeant de la BGFIBank. Lesdits documents mettent en cause la BGFIBank et certains de ses partenaires, à savoir, la Banque centrale du Congo, la Gécamines et la CENI, pour des magouilles financières d'environ 70 millions de dollars US.[18] Mais aucune action judiciaire n'a été initiée à ce sujet. Nous sommes en face d'une justice impuissante devant les intouchables.

---

[16] Rufin PATINVOH, « Niger : inculpés pour avoir appelé à un troisième mandat d'Issoufou », dans *La Nouvelle Tribune*, [En ligne], https : lanouvelletribune.info/2018/05.

[17]Anonyme, « RDC : des proches du Président Kabila cités dans les « Panama Papers », dans *rfi AFRIQUE*, [En ligne], http://www.rfi.fr/afrique/20160409-rdc.

[18]Anonyme, « RDC : des révélations gênantes pour Kabila à la une d'un journal belge », dans *RFI Afrique*, [En ligne], http : //rfi.fr/afrique/20161029-rdc.

I.2.3- Un Parquet de la cacophonie

Ayant, entre autres, appelé à la xénophobie, l'honorable Ne Muanda Nsemi avait été poursuivi par la Justice congolaise. Il fut alors présenté devant la Cour suprême de Justice ; celle-ci décida que le prévenu soit assigné à résidence, à son domicile.

Contredisant ouvertement ladite décision, le Procureur général de la République avait ordonné la détention du prévenu à la prison centrale de Makala, prétextant qu'il y serait « convenablement assigné à résidence ». Le comble, c'est que ce détenu s'était aussi évadé le 17 mai 2017.[19] Quand la subjectivité obstrue l'objectivité, on tend incontestablement vers la ruine.

Apres l'évasion de Makala, l'honorable Jean Baudouin Mayo s'était exprimé en ces termes : « avec ce qui vient de se passer ce matin à l'aube, il y a une question qui mérite d'être posée. Qu'est-ce que l'honorable Ne Muanda Nsemi faisait à la prison centrale de Makala, alors qu'il était assigné à résidence par la Cour suprême de Justice ? Par quel acte ou décision est-il gardé à Makala ? Tout est possible dans un Etat qui ne se soumet pas aux décisions de sa propre Justice. Aucune Nation forte et prospère ne s'est bâtie sur l'injustice […] »[20].

Par-dessus tout, cette discordance ou cacophonie, au sommet de la magistrature, révèle, une fois de plus, le dysfonctionnement et la déliquescence de notre système

---

[19]Silver AGONDJO, « RDC : Evasion à la prison centrale, Ne Muanda Nsemi en fuite », dans *AFRICA POSTNEWS,* [En ligne], http://www.africapostnews.com/2017/05/17.

[20] Jean Baudouin MAYO, cité par Stanys Buyakere, « Que faisait Ne Muanda Nsemi en prison alors qu'il était assigné à résidence ? (Mayo) », dans *ACTUALITE.CD,* [En ligne], https://actualite.cd/categroriy/actualité

judiciaire. Je parie qu'un tel spectacle n'aurait jamais droit de cité dans un Etat respectueux des lois de la République.

I.3. UNE COUR CONSTITUTIONNELLE DE LA HONTE

1.3.1-Une Cour assignée à protéger et pérenniser le pouvoir en place

Certains arrêts de la Cour constitutionnelle ne peuvent être compris que dans la logique d'assurer la pérennité du régime en place. Le cas le plus marquant est la suite réservée à la requête de la CENI, l'autorisant de reporter l'élection présidentielle ; un arrêt prononcé au mépris de la loi, parce que le quorum n'était pas atteint. Selon l'article 90 de la loi organique du 15 octobre 2013 portant organisation et fonctionnement de la Cour constitutionnelle, « la Cour ne peut siéger et délibérer qu'en présence de tous ses membres, sauf empêchement temporaire de deux d'entre eux au plus dûment constaté par d'autres »[21].

Cela étant, la Cour constitutionnelle était même en train de voir comment modifier son règlement d'ordre intérieur, en rapport avec le quorum, étant donné que le pouvoir en place n'avait pas pu faire passer la loi sur sa recomposition.

Selon l'IDGPA, dans son communiqué du 4 septembre 2017, « la Cour constitutionnelle a été instruite par le gouvernement et la MP à procéder sans délai à une révision de son règlement intérieur dans le sens d'une réduction du quorum de réunion et de décision à trois

---

[21]Anonyme « RDC : malgré l'absence du quorum, la Cour constitutionnelle juge recevable la requête de la CENI sur le report de la présidentielle », dans *cas.info.ca,* [En ligne], http://www.m.cas.info.ca/rd-congo/politique.

juges au lieu de sept juges comme prévu par l'article 90 de la loi organique et l'article 30 du règlement intérieur de la Cour. A travers cette révision du règlement intérieur de la Cour constitutionnelle, la MP veut obtenir ce qui lui avait été refusé par l'Assemblée nationale lorsque le ministre de la Justice avait voulu obtenir l'amendement de la loi organique n°13/026 du 15 octobre 2013 portant organisation et fonctionnement de la Cour constitutionnelle après avoir menti à la Nation que le projet avait été adopté par le Conseil des ministres alors que celui-ci n'avait jamais délibéré sur la question. »[22]

Bien plus, c'est depuis le 15 janvier 2018 que certains députés ont déposé, à la Cour constitutionnelle, un recours contre la nouvelle loi électorale.[23] D'autres structures l'ont aussi fait. Ils reprochent, entre autres, à cette loi, le fait de fixer le seuil de représentativité d'au moins 1% au niveau national, pour pouvoir siéger à l'Assemblée nationale. Cela apparaît comme un moyen d'avantager les grands partis et exclure les indépendants qui ne sont candidats que dans une seule circonscription ; ce qui viole l'article 101 de la Constitution : « Les candidats aux élections législatives [..] peuvent aussi se présenter en indépendants ». Malgré l'urgence du dossier, on a eu l'impression que cette Cour ne s'émouvait pas outre mesure car ce seuil ferait partie des stratégies de la MP aux prochaines élections. Au moment où je suis en train de mettre la dernière main à cet ouvrage, j'apprends que, finalement, près de trois mois après avoir été saisie, la Cour constitutionnelle vient de rendre son arrêt ; elle

---

[22]Will Cleas NLENVO, « RDC : L'IDGPA soupçonne le Gouvernement d'influencer la composition de la Cour constitutionnelle en vue d'un référendum », dans *ACTUALITE.CD,* [En ligne], https://actualité.cd/2017/09/04.

[23]Anonyme, « RDC : la loi électorale contestée devant la Cour constitutionnelle », dans *rfi Afrique*, [En ligne], http://www.rfi.fr/Afrique.

« rejette les trois requêtes en inconstitutionnalité de la loi électorale »[24]. Quoi qu'il puisse en être, il n'y a qu'un naïf qui pouvait s'attendre à ce que cette Cour constitutionnelle de la honte dise le droit au détriment de la MP.

I.3.2- Une Cour bafouée, ignorée, torpillée, sapée, phagocytée par le pouvoir exécutif

En utilisant toutes ces épithètes (bafouée, ignorée, torpillée, sapée, phagocytée), je veux mettre l'accent sur le fait que l'exécutif national crache sur le pouvoir judiciaire, le foule aux pieds ; en d'autres termes, il en fait fi.

Notre thèse s'appuie sur la manière dont le ministre de l'Intérieur, Monsieur Emmanuel Shadari a traité le dossier des élections des nouveaux gouverneurs de onze provinces. Par sa lettre n°25/CAB/VPMINITERSEC/ERS/538/2017 du 14 juillet 2017, il avait invité la CENI à organiser des élections même dans les provinces où les vacances n'étaient pas effectives, leurs gouverneurs ayant été réhabilités par la Cour constitutionnelle. C'est notamment le cas du Haut-Katanga et de la Tshuapa. A ces deux s'ajoute le cas de Célestin Mbuyu du Haut-Lomami, dont le recours était encore en cours au moment où la CENI avait publié le calendrier desdites élections. C'est pourquoi, en en parlant, l'honorable Thomas Lokondo avait dit qu'on avait mis la charrue devant le bœuf. D'où la « shadarisation » de la territoriale, selon le néologisme du journaliste Serge Kabongo.

C'est le même Emmanuel Shadari qui, en son temps, avait saisi la même Cour constitutionnelle pour interpréter l'article 70 de la Constitution en rapport avec le mandat du Président de la République. Et lorsque ladite Cour s'était

---

[24]Anonyme, « RDC : la Cour constitutionnelle rejette les trois requêtes en inconstitutionnalité de la loi électorale », dans *ACTUALITE.CD*, [En ligne], http://actualite.cd /2018/03/30.

prononcée en leur faveur, la chanson était : les arrêts de la Cour constitutionnelle sont inattaquables, exécutoires et opposables à tous (cf. article 168 de la Constitution). Mais au nom de leurs intérêts, en rapport avec les élections des gouverneurs, le discours a changé ; nous en avons entendu dire que le dossier était plus politique que judiciaire. On le voit bien, avec cette majorité, une décision judiciaire n'en est une que lorsque celle-ci rencontre ses attentes, ses intérêts. Quelle infamie !

Emmanuel Shadari pourra-t-il encore répéter machinalement le slogan en vogue, « sous l'impulsion du chef de l'Etat », au moment même où il défie une décision judiciaire devant être exécutée au nom de ce dernier, conformément à l'article 149 de la Constitution ? Un peu de logique, de bon sens et de cohérence !

Dans ce paysage précis des impostures de Monsieur Emmanuel Shadari, le silence du chef de l'Etat a étonné les Congolais. N'est-il pas le garant du bon fonctionnement des institutions de la République ? N'est-il pas, à la fois, magistrat suprême et garant de la Constitution ? Il s'agit là aussi de ses prérogatives constitutionnelles ; même si une certaine lecture sélective ne les voit que dans son pouvoir discrétionnaire pour nommer un Premier ministre, comme cela fut rappelé et réclamé, à gorge déployée, par la MP, lors des assises de la CENCO.

Son mutisme est indéniablement un silence complice qui ne peut qu'être coupable. C'est pourquoi certaines personnes le considèrent comme initiateur ou instigateur de cette magouille si sordide. Je me permets même de parler d'une certaine démission de sa part parce que, se référant à l'article 74 de la Constitution, lors de son investiture, il avait prêté serment « … d'observer et de défendre la Constitution et les lois de la République ».

Au vu de ce qui précède, contrairement à la déclaration du chef de l'Etat lors de son investiture, on est en droit de dire que la recréation n'a pas encore pris fin, elle continue ; elle vient même d'atteindre son apogée, son point culminant.

1.4 UNE CONSTITUTION REGULIEREMENT VIOLEE

La République démocratique du Congo s'est dotée d'une Constitution depuis le 18 février 2006, date de sa promulgation. Mais ce qui est marrant, c'est de constater que ladite Constitution est constamment violée au vu de tous les Congolais. Les cas de sa violation sont légion.

Lors de sa conférence de presse du 26 janvier 2018, le Président de la République, Monsieur Joseph Kabila Kabange, s'était attribué la paternité de cette Constitution.[25] Les questions qui me viennent à l'esprit sont les suivantes : un père responsable peut-il croiser les bras lorsque son enfant est injustement malmené, maltraité ? Peut-on se prévaloir de la paternité d'une Constitution lorsqu'on ne milite pas pour son respect ou son application ? Peut-on s'en prévaloir tout en restant passif, indifférent au moment même où ses propres lieutenants ou acolytes la violent ?

Serait-elle sienne parce qu'il en fait ce qu'il veut ? C'est un secret de polichinelle : le Président de la République et son regroupement politique violent, à répétition, la Constitution. J'en veux pour preuve le fait qu'il avait permis à Messieurs Emmanuel Shadari et Joseph Kokoyangi de continuer à garder leurs charges au sein du PPRD et de la MP, après les avoir nommés au gouvernement, en violation de l'article 97 de la Constitution : « Les fonctions de membre du

---

[25]Anonyme, « Conférence de presse de Joseph Kabila 26 janvier 2018 », [En ligne], http://www.m.youtube.com.

gouvernement [...] sont également incompatibles avec toute responsabilité au sein d'un parti politique. ».

Le 24 décembre 2017, le Président de la République a promulgué une nouvelle loi électorale qui pèche contre la Constitution. En exigeant aux candidats à la députation nationale, au nom du seuil de représentativité, d'obtenir 1% des voix au niveau national pour décrocher un siège à l'Assemblée nationale, cette loi exclut d'office les candidats indépendants qui ne se représentent que dans une circonscription. Et elle va ainsi à l'encontre de l'article 101 de la Constitution : « Les candidats aux élections législatives [...] peuvent aussi se présenter en indépendants ».

Elu gouverneur du Kwango, en mars 2018, Monsieur Kanys Makofi Kabamba attend, depuis plus de deux mois, l'ordonnance du Président de la République pour être investi conformément à l'article 198 de la Constitution. Bien plus, en son article 212, la Constitution reconnaît le CSAC comme l'une des institutions d'appui à la démocratie. La loi organique n° 11/001 du 10 janvier 2011 portant composition, attribution et fonctionnement du CSAC stipule : « les membres du conseil sont nommés pour un mandat de quatre ans, renouvelable une seule fois » (art. 29). C'est dans ce contexte qu'un nouveau comité a été constitué, depuis 2017 ; mais jusqu'à ce jour (juin 2018), il n'est pas encore entré en fonction parce qu'il attend d'être investi par une ordonnance du Président de la République, comme le recommande l'article 26 de la loi susmentionnée. Le glissement des animateurs des institutions, hors mandat, est-il dorénavant érigé en règle ?

Le nouveau gouverneur du Kwango serait traité de la sorte parce qu'il avait été élu au détriment du candidat de la MP. L'ordonnance du CSAC traîne-t-elle parce qu'il y aurait, dans le nouveau comité, des têtes qui ne plairaient pas au chef de l'Etat ? Quoi qu'il en soit, tout doit être régi, non par les humeurs ou la volonté d'un homme, chef de l'Etat soit-il, mais selon la Constitution et les lois de la République !

Par ailleurs, la restructuration du pouvoir judiciaire, telle que libellée à l'article 149 de la Constitution, a été amorcée depuis 2011. Mais il a fallu attendre sept ans pour la parachever en juin 2018.[26] Le Président de la République l'aurait-il fait maintenant en prévision des élections de décembre 2018 ? Doit-il gérer la République en fonction de ses calculs politiciens ?

Ayant à l'esprit toutes ces violations de la Constitution dont le chef de l'Etat s'est rendu responsable et coupable, j'ai eu la migraine, j'ai été sidéré en apprenant qu'il a déclaré, lors de sa rencontre du 16 avril 2018 avec les députés de la MP : « Ma position, c'est de défendre la Constitution ». Il le disait en rapport avec la question de double nationalité en visant Moïse Katumbi qui est leur cible privilégiée dans ce dossier, comme le dit Olivier Liffran.[27] Doit-il défendre la Constitution uniquement lorsqu'il a besoin de s'en servir pour tirer à boulets rouges sur son adversaire politique le plus redoutable ?

Que dire de plus au sujet de cette paternité dont se réclame le Président de la République ! Si cette Constitution était vraiment sienne, pourquoi ne l'avait-il pas promulguée sans demander l'avis de qui que ce soit à travers le referendum ? Pourquoi avait-il battu compagne, comme il l'a lui-même dit avec fierté et autosatisfaction ? Cette campagne est d'ailleurs à relativiser, car il n'avait pas, seul, sillonné tout le pays. Il ne doit ni ignorer, ni

---

[26]Junior KITAMBALA, « RDC : Kabila parachève le processus de la restructuration du pouvoir judiciaire », dans *DIA*, [En ligne], htpp : // www.diacenco.com/rdc.

[27] Olivier LIFFRAN, « RDC : Sécurité élections, double nationalité… Joseph Kabila devant les députés de la Majorité », dans *Jeune Afrique*, [En ligne], http://www.jeuneafrique.com/551939/politique.

minimiser le travail de campagne et de sensibilisation abattu par tant d'autres Congolais pour cette fin.

En fin de compte, un projet de Constitution n'étant pas une Constitution, la Constitution actuelle se veut être un pacte social de tous les Congolais ; c'est notre œuvre commune. Personne n'a donc le droit de s'en attribuer la paternité.

CHAPITRE II
D'AUTRES ASPECTS PERVERS DE LA JUSTICE CONGOLAISE

Après le développement de ce premier chapitre, il me semble opportun de mettre aussi en exergue d'autres situations, portées à ma connaissance, qui sont en déphasage avec le droit, la Justice. C'est l'objet du présent chapitre. Je les énumère une à une, sans aucune prétention d'exhaustivité.

II. 1 UNE JUSTICE QUI TRAQUE LES OPPOSANTS

Plusieurs faits prouvent que la Justice de mon pays se met à traquer les opposants pour les museler, les faire taire… Heureusement que les vrais opposants ne l'entendent pas de cette oreille et, par conséquent, ne se laissent pas faire ; ils ne lâchent pas prise.

Le fait le plus scandaleux, c'est l'affaire mercenaire; une affaire montée de toutes pièces, cousue avec du fil blanc sur un tissu noir, contre Monsieur Moïse Katumbi, simplement parce qu'il a quitté la MP et s'est déclaré candidat à la future présidentielle. Toutes les tergiversations et contradictions y relatives laissent à désirer et nous mettent en face d'une Justice rocambolesque.

Dans ses premières déclarations, le ministre de la Justice avait parlé de 600 mercenaires ; et après on est parti en decrescendo jusqu'à 50 mercenaires, jusqu'au seul Américain ; alors que le 04 mai 2016, il déclarait, le plus sérieusement du monde : « Nous avons la preuve documentée que plusieurs anciens militaires américains qui se trouvent actuellement au Katanga sont au service de Monsieur Katumbi […] Plus de 400 étrangers, anciens marins américains et commandos sud-africains seraient en situation irrégulière au Katanga depuis novembre 2015 au lendemain de la démission de Moïse Katumbi en se faisant passer pour des agriculteurs dans la ferme de l'ancien gouverneur »[28].

Par ailleurs, comment des Congolais affectés officiellement à la garde de Monsieur Moïse Katumbi pouvaient-ils être des mercenaires dans leur propre pays ? C'est simplement un montage de mauvais goût destiné à nuire aux ambitions légitimes du futur candidat à la présidence de la République.

Défiés par l'évidence, ils étaient obligés d'autoriser Monsieur Darryl Lewis, sujet américain, de rentrer chez lui, aux USA, en prétextant que l'instruction, en RDC comme aux USA, devait se poursuivre, à travers une commission rogatoire internationale. Il a fallu attendre la veille du dépôt des candidatures à la présidentielle, soit près de deux ans après le déclenchement du dossier, pour que, le 18 mars 2018, le PGR demande à la Cour suprême de Justice de fixer une date d'audience pour juger Moïse Katumbi dans cette affaire.

Pourquoi, cette fois-ci, on ne le présente plus devant son juge naturel à Lubumbashi, comme ce fut le cas dans l'affaire immobilière Stoupis ? Selon une source de *Jeune Afrique* au sein du Parquet général de la République, « l'audience doit être fixée devant la Cour suprême de Justice parce que Moïse Katumbi bénéficie « probablement » du privilège de juridiction, les préventions contre lui remontant en 2014 alors qu'il était encore gouverneur de la riche province du Katanga »[29].

---

[28]Anonyme, « RDC: enquête sur "le recrutement de mercenaires" étrangers proches de l'opposant Katumbi », dans *RADIO OKAPI*, [En ligne], http://www.radiokapi.net/ Justice rdc.

[29]Pierre BOISSELET et Trésor KIBANGULA, « RDC : affaire des mercenaires : le Parquet sollicite la fixation d'audience pour le

En effet, dans sa requête aux fins de fixation d'audience, le PGR situe les faits « au courant de la période allant de l'année 2014 à l'année 2016 »[30]. Par l'intervalle qu'il mentionne, il contredit le ministre de la Justice qui l'avait instruit d'ouvrir une enquête judiciaire à ce sujet ; car selon Monsieur Alexis Thambwe Mwamba, les faits remontent à « novembre 2015, au lendemain de la démission de Moïse Katumbi [...] » (Cf. supra). Même pour l'ANR, la présence de ces mercenaires autour de Moïse Katumbi remonterait « à partir de novembre 2015 »[31].

Il n'existe pas de crime parfait, dit-on. C'est le cas de le dire. Pourquoi cette contradiction ? Je suis persuadé que dans le montage du mensonge, le nombre de laboratoires correspond, le plus souvent, au nombre de versions des faits, l'objectivité ayant été remplacée par la subjectivité et des couper-coller invraisemblables.

C'est à dessein que le PGR a pris ce *terminus a quo* de 2014 ; dans le seul but de ne laisser à Moïse Katumbi aucune possibilité d'aller en appel, devant être jugé par la Cour suprême de Justice, étant donné que les faits qui lui sont reprochés auraient été commis en 2014, lorsqu'il était gouverneur du Katanga.

Par ailleurs, en lisant la requête du PGR, j'étais désagréablement surpris de constater qu'il n'y avait pas mentionné tous les anciens militaires américains dont le ministre avait parlé le 04 mai 2016 lorsqu'il disait : « nous avons la preuve documentée que plusieurs anciens militaires américains qui se trouvent actuellement au

---

« Congolais » Moïse Katumbi », dans *Jeune Afrique,* [En ligne], http://www.jeuneafrique.com/545418/politique.

[30]Ibid.

[31]Trésor KIBANGULA, « RDC : dans l'affaire des mercenaires pro-Katumbi, justice et services de renseignement se contredisent », dans *Jeune Afrique,* [en ligne], http://www.jeuneafrique.com/549734/société.

Katanga sont au service de Monsieur Katumbi » (cf. supra).

En fait, l'adverbe *actuellement* laisse entendre que, au moment où le ministre parlait ainsi, ces anciens militaires américains étaient sur notre territoire national ; je suppose qu'on les avait arrêtés; et logiquement, le PGR devait en faire mention dans sa requête aux fins de fixation d'audience. Où sont-ils donc passés entretemps ? Se sont-ils évaporés dans la nature ? Relevaient-ils de l'imaginaire des humoristes de mauvais goût ? Ces humoristes de mauvais augure, qui veulent nous faire avaler leurs rêveries ou supercheries, nous prennent-ils pour des insensés ? J'ai l'impression que, à un moment donné, ils mordront la poussière.

Je me fais le plaisir de reprendre ici le message que Monsieur Jean-Marie Mutu a adressé au PGR Flory Kabenga Numbi : « Le neuvième commandement de Dieu dit que « Tu ne porteras pas de faux témoignages contre ton prochain ». La situation peut changer brusquement, le chasseur peut être chassé et le PGR peut devenir prisonnier. Dans ce cas précis, ne vaudrait-il vraiment pas qu'il y ait une justice équitable ? » [32]

Après « l'affaire des mercenaires », ils ont fait un autre montage : l'affaire immobilière Stoupis, un sujet grec accusant Monsieur Moïse Katumbi de lui avoir spolié sa maison. Même les évêques catholiques de la RDC, à travers la CENCO, sont arrivés à la conclusion selon laquelle toutes les poursuites judiciaires engagées contre Moïse Katumbi ne relèvent que d'une mascarade.

Lors de son séjour en Europe en fin juin 2017, le ministre de la Justice avait mis sur pieds un autre empêchement à l'éligibilité de Moïse Katumbi : sa double

---

[32] Jean-Marie MUTU, « Emmanuel Shadari, un chien d'attaque maladroit lancé sur les trousses de l'ancien gouverneur Moïse katumbi? », dans *congovox,* [En ligne], http://www.congovox.com.

nationalité.[33] Venait-il donc d'acquérir une nouvelle nationalité qu'il ne détenait pas lorsqu'il était gouverneur de l'ex-Katanga et plébiscité par toute la MP ? Tout cela étant, aujourd'hui, certains concitoyens caricaturent Monsieur Alexis Thambwe Mwamba en le surnommant « ministre chargé de Moïse Katumbi ». Regardez jusqu'où nous sommes allés !

Le ministre de la Justice oublie-t-il qu'il avait signé, avec empressement, l'attestation n°137/CAB/MIN/JGS & DHIDCC/2016 du 25 novembre 2016, pour permettre à Monsieur Samy Badibanga de recouvrer sa nationalité congolaise d'origine, une semaine après que ce Belge avait été nommé Premier ministre de notre pays ?[34]

Admettons que Monsieur Moïse Katumbi ait réellement aussi une double nationalité comme le prétendait le ministre de la Justice. Pourquoi le ministre s'était-il alors précipité de le déclarer inéligible alors que ce dernier avait et a encore la possibilité, avant les élections, de renoncer à la nationalité non congolaise ? Le ministre savait-il que le laboratoire de la MP avait déjà décidé de ne jamais le lui « concéder » ?

Pour quelle raison refuserait-on d'accorder règlementairement et régulièrement à Moïse Katumbi, avant les élections, ce qu'on a offert à Samy Badibanga sur un plateau d'argent, dans un cafouillage sans précédent, après qu'il a été nommé Premier ministre ? Ce sont là les signes d'une Justice à deux poids, deux mesures.

---

[33]Alain DIASSO, « Double nationalité de Moïse Katumbi : la majorité enfonce le clou », dans *AGENCE D'INFORMATION D'AFRIQUE CENTRALE*, [En ligne], http://www.adiac.congo.com/ content.

[34]Stanys BUYAKERA TSHIAMALA, « Samy Badibanga renonce à sa nationalité belge (document) », dans *ACTUALITE.CD*, [En ligne], http://www.actualite.cd/20161209.

Au début du mois de mai 2018, on venait de l'accuser d'entretenir une rébellion en Ituri. Bien plus, le mois suivant, en juin 2018, se basant sur les révélations des médias internationaux, le PGR a ouvert une information judiciaire sur le dossier du passeport de Moïse Katumbi. Que vaudrait, objectivement, une telle action au moment où le ministre de la Justice dédouane l'incriminé en reconnaissant avoir retiré son passeport du système ?[35]

Étant caractérisé par l'amateurisme et une légèreté déconcertante, cet acharnement judiciaire frise maintenant le ridicule. La MP et son chien de garde, la Justice, ne s'en rendent-ils pas compte ? Tellement que le ridicule est devenu leur lot quotidien, ils ne s'en émeuvent plus outre mesure, pourrais-je dire, sans peur d'être contredit.

Malgré toute la crème intellectuelle dont elle regorge, la MP ne perçoit pas une évidence : à travers toutes ces actions contre Monsieur Moïse Katumbi, les Kabilistes font sa campagne plus que les Katumbistes. Il en va de même lorsqu'on cite son nom à tout bout de champ ; allusion faite aux propos ténus par Monsieur Joseph Konyangi en avril 2018, lors de son passage à Kindu : il voyait l'ombre ou la silhouette de Moïse Katumbi partout et dans tout, au point d'en devenir obsédé ou envoûté. En effet, les choses étant ce qu'elles sont aujourd'hui, même un malade mental du CNPP se rend pertinemment compte qu'il ne s'agit là que d'un acharnement judiciaire.

J'étais surpris de lire sur les réseaux sociaux : « Urgent ! Urgent ! On accuse Moïse Katumbi d'avoir été à la base de l'inondation du fleuve Congo ». Au moment où l'épidémie d'Ebola ressurgit à l'Equateur, Mado Kabongo titre dans *State Afrique* : « RDC : Moïse Katumbi à l'origine de l'épidémie d'Ebola dans le Nord

---

[35]Hubert LECLERC, « Dossier du faux passeport : Le ministre de la Justice dédouane Katumbi », dans *LA LIBRE AFRIQUE*, [En ligne], http : // afrique.la libre.be/20620

du pays »[36]. Elle y mentionne que, l'opposant Moïse Katumbi est accusé d'avoir propagé le virus Ebola dans le but de prendre le pouvoir. Quelques jours après, Ramata Souley Tall ecrit : « Moïse Katumbi accusé d'être à l'origine de l'assassinat de Lumumba »[37]. Emery Patrice Lumumba a été assassiné en 1961, alors que Moïse Katumbi est né en 1964, soit trois ans après. Quel anachronisme ! Même sans avoir été à l'école de l'herméneutique, on comprend que toutes ces assertions, relatives à l'inondation, au virus Ebola et à l'assassinat de Lumumba, voudraient faire passer un message : on accuse Moïse Katumbi de tout et de rien, pour rien. On lui cherche des poux dans la tête.

Et dans une telle situation, la compassion à l'égard de la victime est l'attitude ou la réaction la plus normale de toute personne ayant un cœur de chair. Ainsi, je suppose que, au moment des élections, les Congolais pourront traduire cette compassion en votant massivement pour Monsieur Moïse Katumbi ou celui qu'il soutiendra. Tous ces grands intellectuels, même professeurs d'université, ne s'en aperçoivent-ils pas ? Il semblerait que la recherche effrénée du pouvoir aveugle même les plus grandes intelligences. C'est ici le moment de le dire.

Il ne leur reste qu'à denier la nature humaine à l'ancien gouverneur de l'ex-Katanga. Un jour, ils nous diront : « n'étant pas une personne humaine, Monsieur Moïse Katumbi ne peut pas présenter sa candidature à la présidentielle … » Pour le cas de Moïse Katumbi, sans être politicien, je me suis souvent imaginé un scénario au

---

[36] Mado KABONGO, « RDC : Moïse Katumbi à l'origine de l'épidémie d'Ebola dans le Nord du pays » dans *State Afrique,* [en ligne], http://stateafrique.com.

[37] Ramata Souley TALL, « Moïse Katumbi accusé d'être à l'origine de l'assassinat de Lumumba », dans *State Afrique*, [en ligne], http://stateafrique.com.

cas où les manigances de la MP parvenaient à l'écarter définitivement de la présidentielle de 2018 : l'ancien gouverneur de l'ex-Katanga pourra alors soutenir un candidat à la même présidentielle ; et une fois élu, le nouveau Président rappellera Moïse Katumbi au pays pour le nommer Premier ministre.

Une Justice qui traque des opposants, c'est cette Justice qui a condamné Monsieur Franck Diongo à sa manière, après plusieurs montages. C'est encore elle, et toujours elle, qui avait arrêté et condamné, d'une manière cavalière, Messieurs Diomi Ndongala et Muyambo Kyasa. La liste n'est pas exhaustive.

II.2. UNE JUSTICE QUI OBEIT AUX INJONCTIONS

Dans la magistrature, il s'agit des injonctions que les supérieurs hiérarchiques ou ceux du régime en place donnent aux magistrats afin d'orienter une décision judiciaire en faveur ou en défaveur de tel ou tel justiciable. Ce que j'ai personnellement vécu, tel que décrit dans le premier chapitre, en dit long.

D'ailleurs, dans son allocution prononcée le 18 octobre 2017, lors de l'ouverture de la session extraordinaire du Conseil supérieur de la magistrature, le ministre de la Justice, Monsieur Alexis Thambwe Mwamba lui-même a accusé les magistrats congolais de rendre la justice sur la base des trafics d'influence de certaines hautes personnalités politiques du pays.[38]

---

[38]Alexis THAMBWE MWAMBA, cité par Pascal Mulegwa, dans « RDC : Kinshasa dresse un tableau sombre d'une justice « infectée par plusieurs maux »», dans *AA,* [En ligne], http://www.aa.com.tr/fr/941578.

Honnêtement, je pose cette question au ministre : ces hautes personnalités politiques auxquelles il fait allusion appartiennent-elles à l'opposition ou à la mouvance présidentielle ? Incontestablement, elles ne peuvent être que membres de la MP.

Chaque fois que les ONG des droits de l'homme ont levé la voix pour décrier cette façon de faire, le ministre de la Communication et des Médias, Monsieur Lambert Mende, est monté au créneau pour les vilipender, les diaboliser, les taxant de tous les péchés d'Israël. Ferait-il autant à l'égard de son collègue ministre qui a ainsi mis à nu la MP à la face du monde ?

Par ailleurs, que dit le ministre de la Justice de ses propres immixtions dans mon dossier, auprès du président du Tribunal de grande instance de Kinshasa/Gombe et du directeur de la prison de Makala, comme décrit ci-dessus ? En plus de me conduire à une condamnation injuste, ses immixtions et celles de Monsieur Jérôme Kitoko m'ont fait retenir à Makala, huit mois durant, après que j'ai bénéficié de la grâce présidentielle ; même si, contrairement à son compère, le ministre s'était enfin rétracté, après avoir découvert toute la vérité.

A ce niveau, une seule question me ronge et me traverse les méninges : si, sans gêne, le ministre de la Justice se permet d'interférer contre une ordonnance présidentielle, émanant du Magistrat suprême, s'empêchera-t-il de le faire, avec aisance d'ailleurs, contre les décisions judiciaires des juges, hauts-magistrats soient-ils ?

Tout compte fait, pour être des donneurs de leçons et se déchaîner ou tirer à bout portant sur les magistrats, ceux qui tiennent les rênes de la Justice doivent faire preuve d'exemplarité, en étant les premiers à vivre ou à mettre en pratique ce qu'ils recommandent à leurs collaborateurs ou subalternes ; on ne doit déceler, dans leur comportement ou vécu quotidien, aucune trace de ce qu'ils fustigent, répriment ou combattent. Sinon, ils auront emboîté le pas à ces faux pasteurs qui disent à leurs ouailles : « suivez et faites ce que je dis, et non ce que je fais ». Les paroles du pape Paul VI sont encore d'actualité aujourd'hui : « L'homme contemporain écoute plus volontiers les témoins que les maîtres ou s'il écoute les maîtres, c'est parce qu'ils sont des témoins »[39].

A eux qui sont presque tous des chrétiens, le Christ dit : « Pourquoi vois-tu la paille qui est dans l'œil de ton frère et ne remarques-tu pas la poutre qui est dans ton œil ? Ou comment peux-tu dire à ton frère : laisse-moi enlever la paille de ton œil, alors que toi tu as une poutre dans le tien ? Hypocrite, enlève d'abord la poutre de ton œil, et alors tu verras clair pour retirer la paille de l'œil de ton frère » (Mt. 7, 3 – 5). Avant donc d'interpeler magistralement les magistrats, ils doivent eux-mêmes être des modèles.

De quelle moralisation de la Justice le ministre peut-il se permettre de parler au moment où il en est l'un des fossoyeurs ? Pour qui nous prend-il ? Pour des moins que rien ? Les Congolais ne sont pas si bêtes qu'il le pense ! Nous ne sommes pas non plus nés de la dernière pluie. Nous n'avons pas non plus une mémoire courte : n'est-ce pas lui qui avait piloté, de manière déloyale, l'odieux montage des 600 mercenaires contre Monsieur Moïse Katumbi ? N'est-ce pas encore lui qui avait milité, bec et ongles, pour la recomposition de la Cour constitutionnelle afin de passer de 9 à 5 juges, pour des intérêts, jusque-là inavoués, de la Mouvance présidentielle ? Dans chacune de ces deux démarches, qu'il nous dise : qu'est-ce qui est moralement acceptable, recommandable ou défendable ? Son argumentaire ou son intention ? Ni l'un, ni l'autre, il

[39]Paul VI, *Evangelii Nuntiandi*, n° 41, dans *Vatican.va,* [En ligne], http://w2.vatican.va/content.

me semble. Et alors ? Nous ne commencerons à le croire que le jour où il nous présentera les 600 mercenaires avec sa prétendue « preuve documentée.»

Qu'attend-il pour la mise en œuvre des résolutions et recommandations des états généraux de la Justice qu'il avait lui-même initiés et pilotés ? Où en est-on aujourd'hui avec ce chapelet de bonnes intentions ?

Et cette fameuse « prise à partie » tant médiatisée lors desdites assises ! Moi-même, dans mon dossier, je voulais initier une prise à partie contre deux magistrats de la Cour d'appel de Kinshasa/Gombe (Baudouin Kipaka et Benjamin Bulambo) et former un pourvoi en cassation contre l'arrêt inique. Mais, m'étant rendu compte que Monsieur Jérôme Kitoko, premier Président de la Cour suprême de Justice et le ministre de la Justice étaient aussi dans le coup, je m'en étais tout simplement abstenu, car ayant déjà fait l'expérience de leur force de frappe depuis le premier degré, j'étais persuadé qu'une telle démarche ne pouvait que soit être étouffée dans l'œuf, soit accoucher d'une souris.

Nous pensions et espérions que ces assises marqueraient le début d'une nouvelle ère dans la Justice de notre pays. Nous avons finalement compris que ce n'était que de la poudre aux yeux ; ils ne nous ont fait que rêver debout.

C'est toujours au nom de cette Justice qui obéit aux injonctions que, lors de son intervention du 06 avril 2018 sur RFI, Monsieur Emmanuel Shadari, secrétaire permanent du PPRD, s'est permis de tenir des propos qui dénotent un certain gangstérisme politique d'un autre âge. A l'occasion, il dit « […] Moïse Katumbi sera condamné parce qu'il y a déjà une instruction du Procureur général de la République [...] et ne sera pas candidat [...] Pour celui-là, c'est fini »[40].

Toute instruction judiciaire conduit-elle inexorablement et fatalement à une condamnation ? Sur quelles bases objectives se serait-il fondé pour prédire la condamnation d'un justiciable, avant même sa comparution devant une juridiction compétente ? Sans s'en rendre compte, il n'a fait que dévoiler, une fois de plus et davantage, le secret de polichinelle de la Mouvance présidentielle : la MP compte sur l'ordre qu'elle a déjà intimé à son chien de garde, la Justice, de condamner impérativement cet adversaire politique de taille et redoutable, pour l'écarter de la présidentielle. C'est de cette façon que, en République démocratique du Congo, beaucoup de justiciables sont souvent condamnés *a priori.*

Dans ce contexte d'injonctions, il faut l'avouer, dans la plupart de cas, on a affaire à des magistrats sans foi ni loi, qui prononcent des arrêts ou des jugements qui sont clairement en déphasage avec le droit, en vue de préserver leurs postes, et avoir, d'une certaine manière, de l'emprise sur leurs chefs qui les conduisent sur la voie d'antivaleurs. Qu'ils se rappellent ces belles paroles du Cardinal Joseph-Albert Malula d'heureuse mémoire : « Je préfère être crucifié pour la vérité que de crucifier la vérité ». Malheureusement, au lieu de se laisser conduire par leur conscience, ils se courbent devant des diktats, du reste iniques. Aurai-je tort de dire que leur conscience est anesthésiée, émoussée ?

Il y en a quand même, et ils sont rarissimes, qui, épris d'un idéal, s'opposent carrément à ces ordres intempestifs immoraux et contraires à toute doctrine judiciaire digne de

---

[40]Emmanuel SHADARI, cité par Prisca MATERANYA, « Georges Kapiamba condamne la déclaration du secrétaire permanent du PPRD sur RFI à propos de Moïse Katumbi », dans *DIA,* [En ligne], http://www.diacenco.com.

ce nom. C'est l'occasion de saluer le courage avec lequel Madame Chantale Ramazani, juge de Lubumbashi, avait dénoncé toutes les injonctions reçues pour condamner injustement Monsieur Moïse Katumbi. En juillet 2016, la juge avait dénoncé, par courrier, les pressions graves et menaces physiques qu'elle aurait subies de la présidence de la République et de l'ANR pour faire condamner Monsieur Moïse Katumbi.[41]

Etant au courant de toutes ces interférences, les Congolais sont souvent navrés et révoltés en entendant le Président Joseph Kabila déclarer *urbi et orbi* : « En République démocratique du Congo, la Justice est indépendante … le Président de la République ne peut jamais se substituer aux magistrats ».

On peut alors légitimement se poser certaines questions : le Président de la République se moque-t-il de ses interlocuteurs et auditeurs ? Le fait-il ou le dit-il pour amuser la galerie ? En fait, nous savons tous comment, avec sa « Majorité », il instrumentalise la Justice.

Et, non sans nous ennuyer, Monsieur Lambert Mende répète à plusieurs reprises, et avec une arrogance sans pareil : « nous sommes dans un Etat de droit ». Qu'entend-il par Etat de droit ? Selon lui, un Etat de droit serait peut-être celui dont une minorité qui se pavane en majorité, ou une « Majorité » minoritaire, a le droit de vie et de mort sur le reste de la population ; ce reste de la population que certains appellent soit majorité silencieuse, soit force tranquille. Objectivement, comment concilier ledit Etat de droit avec les charniers ou fosses communes de Maluku où les compatriotes étaient enterrés, si ce n'est pas qu'ils étaient jetés comme des bêtes de somme, des pestiférés ?

---

[41]Pierre BOISSELET, « RD Congo : une juge de Lubumbashi affirme avoir subi des pressions pour faire condamner Katumbi », dans *jeuneafrique*, [En ligne], http://www.jeuneafrique.com/344986/politique.

II.3. UNE JUSTICE DISCRIMINATOIRE : DEUX POIDS, DEUX MESURES

Des congolais sont parfois acquittés ou condamnés selon qu'ils appartiennent à la MP ou à l'opposition ; c'est suivant la même logique que, dans certains cas, la liberté provisoire ou conditionnelle est accordée ou refusée.

Comme sympathisant du PPRD, Monsieur Antoine Evoloko avait été bénéficiaire d'une liberté conditionnelle alors qu'il était condamné pour viol.[42] Mais pour la même infraction, même dans le cadre des mesures de décrispation, on refuse de libérer Monsieur Diomi Ndongala, parce qu'il est de l'opposition. Et pour justifier ce refus, on évoque toutes les raisons, même celles relatives au sexe des anges.

Monsieur Bruno Tshibala de l'UDPS était arrêté au motif d'être organisateur de la marche du 19 septembre 2016 qui aurait conduit à beaucoup de dérapages. Malheureusement, après, cet opposant a été fragilisé par le pouvoir qui l'a débauché.

Par contre, Monsieur Papy Tamba qui, à la même occasion, avait planifié et prédit, par-dessus tout à la télévision, la destruction (saccage) des sièges des partis de l'opposition, n'avait nullement été inquiété par la Justice alors qu'il avait même exécuté son plan macabre ; et pour cause, il est de la MP, il en est même l'un des communicateurs.

Monsieur Gédéon Kyungu avait été condamné pour crime contre l'humanité, après toutes les exactions et les massacres qui lui sont imputés. Scandaleusement, il avait été accueilli en héros sous la bonne barbe des autorités judiciaires de Lubumbashi. C'est parce qu'il roule

---

[42]Espoir MASAMANKI IZIRI, « libération conditionnelle. Etat de lieux et perspectives d'avenir en droit congolais », dans *mémoire online,*[En ligne],https://www.memoireonline.com/10/12/6124.

maintenant avec le pouvoir en place ; il est même devenu l'un des grands chantres du Président Joseph Kabila. Il est logé dans une somptueuse villa, aux frais de l'Etat.[43]

La MP ne se rend pas compte qu'elle a ainsi ouvert une boîte de pandore en signant un chèque en blanc en faveur de tous ceux qui sont ou seront poursuivis pour les mêmes infractions que Gédéon Kyungu. C'est dans ce contexte qu'il faut situer la « réduction » de Monsieur Tsheka, au Nord-Kivu. Poursuivi pour crime contre l'humanité, viol et autres infractions, ce dernier s'est rendu, espérant qu'il sera traité de la même manière que Gédéon Kyungu. Quelle société d'impunité ! Et en le présentant, le vice-gouverneur du Nord-Kivu n'avait même pas fait allusion à la Justice. Il en avait parlé comme s'il s'agissait de l'enfant prodigue de l'évangile qui rentrait calmement et tranquillement dans la maison de son père.

Les amnistiés de 2005 et ceux de 2014 continuent à croupir à la prison centrale de Makala, alors que Sheka et Gédéon Kyungu sont en liberté. A un certain moment, il nous avait été dit : « Les portes de la prison seront grandement ouvertes ». Mais personnellement, j'ai l'impression qu'on les a hermétiquement fermées aux chantres du régime, criminels soient-ils.

Le conseiller spécial du chef de l'Etat en matière de bonne gouvernance et de lutte contre la corruption, Monsieur Luzolo Bambi avait fait arrêter, le 14 décembre 2017, quelques hauts cadres de certains services publics (cf. chapitre I, le point I.2.2). Quelque temps après leur arrestation, ces prévenus ont bénéficié de la liberté provisoire.

---

[43]Freddy Mulongo, « RDC : Gédéon Kyungu Mutanga, seigneur de guerre célébré en héros par le régime d'imposture d'Alias Joseph Kabila ! », dans *MEDIAPART*, [En ligne], http://www.blogs. mediapart.fr/121016.

Pourquoi, en son temps, cette liberté provisoire ne pouvait-elle pas être accordée à Muyambo, Kiboko Vano et d'autres membres de l'opposition ? C'est certain que, s'ils étaient de l'opposition, les prévenus du 14 décembre 2017, que Monsieur Luzolo Bambi avait fait arrêter, n'allaient jamais bénéficier de cette liberté provisoire. Ce qui a encore joué à leur avantage, c'est le fait que certains cadres de la MP seraient impliqués dans cette macédoine.

Le Samedi 02 juin 2018, le bourgmestre de la commune de Gombe, Dolly Makambo, a « forcé et violé » le siège de la CENCO pour arracher les banderoles y affichées ; il y était mentionné : « Pas de troisième mandat présidentiel, pas de révision constitutionnelle.»[44] Il s'agit là des assertions qui trouvent leur soubassement dans la Constitution et les accords de la CENCO. Mais au même moment, le téméraire bourgmestre laisse faire lors que des banderoles qui appellent, en violation de la Constitution, au troisième mandat de Joseph Kabila , sont affichées dans sa municipalité. Quelle inversion des valeurs ?

Sous un autre registre, garantissant la liberté des manifestations publiques, la Constitution parle d'un régime d'information (cf. art 26). Alors qu'ils en avaient informé, à temps, les autorités administratives, les jeunes du mouvement citoyen Lutte pour le changement, LUCHA en sigle, étaient lunchés, réprimés par une intervention musclée de la police, lors de leur marche pacifique du lundi 31 juillet 2017 ; certains d'entre eux étaient même arrêtés et présentés devant les juridictions judiciaires. Et, sans froid aux yeux, pour justifier cet acharnement, l'ex-opposant, actuel vice-ministre de l'Intérieur, Monsieur Basile Olongo avait déclaré, sur les ondes de la Radio OKAPI, que ces jeunes n'avaient pas eu l'autorisation des

---

[44] Stanys BUJAKERA TSHIAMALA, « RDC : les banderoles contre un troisième mandat pour Kabila placées au siege de la CENCO ont été arrachées », dans *Actualite.cd*, https://actualite.cd/2018/6/03.

autorités habilitées. De quelle autorisation parlait-il ? C'est cela le propre du politicien congolais : une fois invité à la mangeoire, il change de discours en combattant dorénavant les valeurs qu'il défendait hier.

Comme il s'est métamorphosé, les Kinois lui ont aussi changé d'appellation ; celui-là même qu'ils appelaient jadis affectueusement "Ndeko Basile" (frère Basile) est devenu désormais "Ndoki Basile" (sorcier Basile). En effet, dans l'éthique africaine, le sorcier n'est pas forcément ou uniquement celui qui ensorcelle ou jette des mauvais sorts sur ses semblables, mais toute personne qui pose des actes dénués de sens, d'humanisme et d'altruisme. En tant que "ndeko" (frère), Basile était la voix du peuple, la voix des sans voix ; en changeant de fréquence, il se fait l'avocat du diable en défendant ceux qui oppriment ses frères, en les y poussant même.

Curieusement, deux jours avant, soit le samedi 29 juillet, une fausse LUCHA (Lutte pour le champagne, pour emprunter les termes de la journaliste Christelle Vuanga), qui soutenait les actions du Premier ministre, Bruno Tshibala, avait allègrement fait sa marche, une marche après laquelle ils avaient festoyé avec l'argent qu'ils auraient reçu de la primature. Il s'agissait exactement là d'une fausse LUCHA, montée par le pouvoir en place, spécialiste en dédoublement des structures, pour fragiliser la vraie LUCHA qui fait mal aux actuels dirigeants. Cette pratique de dédoublement n'étonne plus personne, car c'est cela le nouveau credo de la MP. Elle l'avait fait avec le MLC en créant le MLC/libéral, avec l'ARC…

Le régime d'information, parlons-en encore. Comment concilier ledit régime avec la barbarie dont Félix Tshisekedi a été victime lors de son séjour à Lubumbashi du 24 au 26 octobre 2017 ? Mais au même moment ou le jour suivant, le secrétaire général adjoint de la MP s'est librement pavané dans la même ville, comme un poisson dans l'eau. J'espère qu'au-delà de tout cela, ledit secrétaire général adjoint, mon frère Joseph Kokonyangi a à l'esprit l'argent qu'il doit au FPI.

On le voit bien, ce régime d'information, pour les manifestations publiques, n'est respecté que pour les marches qui soutiennent le pouvoir dans ses gabegies financières, son non-respect de la Constitution... Quand on se propose de faire entendre un autre son de cloche pour réclamer ses droits, pour rappeler le pouvoir à l'ordre, on ne peut qu'être molesté, réprimé comme les jeunes de la vraie LUCHA ou Monsieur Félix Tshisekedi.

Le pouvoir de Kinshasa n'avalise que les marches qui soutiennent son idéologie. Par exemple, le 27 novembre 2017, jour de l'inauguration de la nouvelle ambassade de Belgique, les faucons du pouvoir avaient organisé, avec leurs acolytes soudoyés, une marche contre la Belgique. Cette marche était encadrée par la police au moment où l'autorité urbaine prétendait avoir suspendu toute manifestation publique. Le motif figurant de ladite marche était celui de s'insurger contre les Belges, pour avoir assassiné Lumumba. Mais la vraie raison serait celle d'humilier Monsieur Didier Reynders, vice-premier ministre belge qui présidait la cérémonie d'inauguration et que les dirigeants congolais ne portent pas dans leurs cœurs. La pomme de discorde serait le franc-parler de l'homme d'Etat belge qui n'utilise jamais la langue de bois pour parler de la situation qui sévit au pays de Lumumba : la violation de la Constitution, la répression des marches pacifiques dans le sang, la corruption, le népotisme... Ses partenaires congolais rouspètent alors en considérant cette attitude comme une ingérence aux affaires intérieures d'un Etat souverain. Et c'est dans ce contexte qu'il faut situer et comprendre l'absence de l'Exécutif congolais à la célébration du jour. Une certaine presse avait qualifié cette absence de "manque de politesse".[45]

II.4. LES INSTITUTIONS D'APPUI A LA DEMOCRATIE ET LES UNIVERSITES NE FONT PAS EXCEPTION

Cette justice discriminatoire a aussi élu domicile dans nos universités où les autorités politiques sont favorisées ; on leur distribue des diplômes comme des cacahuètes. On parle ainsi des « diplômes universitaires politiquement acquis » ou « diplômes politiquement transmis ». Des professeurs d'université ont pris goût à cette activité lucrative d'octroyer criminellement des diplômes. Si eux, grands intellectuels, sur qui nous pouvions compter, en arrivent là, nos espoirs volent en éclats ! C'est d'ailleurs l'un d'eux, le professeur Alphonse Maindo de l'Université de Kisangani qui avait dénoncé, sur France 24, le 28 septembre 2017, l'existence des faux diplômes décernés en faveur des autorités politiques ou militaires.[46]

C'est dans ce contexte que le doctorat de Monsieur Aubin Minaku, président de l'Assemblée nationale et secrétaire général de la MP a défrayé la chronique. Ainsi, Yves Buya titre : « Scandale à l'UNIKIN : le prof Mampuya est en train d'écrire une thèse pour Aubin Minaku »[47].

---

[45]Alphonse MUDERHWA, « Inauguration nouvelle ambassade de la Belgique : Kinshasa boycotte D. Reynders, aucun ministre présent », *dans 7sur7.cd,* [En ligne], http://7sur7.cd/new/2017/11.

[46]Aline ENGBE, « Scandale en RDC : le professeur Maindo dénonce l'octroi de faux diplômes d'université à des autorités ! », dans *TSHUKUDUNEWS,* [En ligne], http://www.tshukudunews.com.

[47]Yves BUYA, « Scandale à l'UNIKIN : le prof Mampuya est en train d'écrire une thèse pour Aubin Minaku », dans *RDC.NEWS,* [En ligne], http://www.rdc.news.com/2017/10/13.

Sans passion, il y a lieu de se demander : comment Monsieur Aubin Minaku a-t-il eu le temps de préparer une thèse de doctorat tout en étant, à temps plein, président de l'Assemblée nationale et secrétaire général de la MP ? Ceux qui ont déjà eu à rédiger des thèses de doctorat peuvent nous en dire plus. Aussi, à voir la manière dont le jury, devant lequel Monsieur Aubin Minaku avait défendu sa thèse, s'alignait pour lui présenter des honneurs,[48] il y aurait lieu de douter de l'objectivité dudit jury qui, de l'avis de plusieurs personnes, n'avait aucune autorité sur le récipiendaire.

De même, le diplôme du gouverneur Ngoyi Kasanji a fait couler beaucoup d'encre et de salive. A ce sujet, le professeur François Kande dit : « voilà un diplôme qu'il faudrait annuler, puisque vraisemblablement ayant été obtenu dans la fraude [...]. Cet homme qui habite Mbuji Mayi à plus de 1.500 km de Kinshasa. Il vient d'être proclamé licencié en droit à l'Université de Kinshasa laquelle n'a pas d'extension à Mbuji Mayi [...]. Lui qui est gouverneur de la province du Kasaï oriental, pouvait-il être permanent à Kinshasa pour y suivre les cours ? »[49]

La légèreté et la corruption dans lesquelles se sont empêtrés certains professeurs d'université laissent à désirer. C'est un signe palpable de la décadence ou la déliquescence de l'enseignement universitaire congolais et, partant, de toute notre société. Comme le disait le professeur Benoit Verhaegen, « rien ne sent plus mauvais qu'une toge de docteur pourrie par la corruption ».

---

[48]Anonyme, « Aubin Minaku proclamé Docteur en droit avec mention « la plus grande distinction » », dans politico.cd [en ligne], https://www.politco.cd/actualite/la-une/2017/12/24

[49] François KANDE, « Ngoyi Kasanji a-t-il obtenu par la fraude son diplôme de droit de l'UNIKIN ? » dans *VAC Radio*, [En ligne]https://vacradio.com.

Le virus de cette justice de « deux poids, deux mesures » a même atteint les institutions d'appui à la démocratie, en l'occurrence le CSAC et la CENI. Sans ambages ni vergogne, le CSAC laisse faire lorsque certaines émissions racontent de balivernes et lancent des quolibets, de la manière dont on clame un poème, pour insulter les opposants et tous ceux qui ne parlent pas le même langage avec le pouvoir. Ces émissions sont nombreuses surtout à la RTNC, Télé 50, RTGA, DIGITAL...

Mais lorsqu'il s'agit de celles animées par ceux qui n'émettent pas sur la même longueur d'ondes avec la MP ou ne l'amadouent pas, le CSAC ne tarde pas à faire sortir ses griffes, prêtes à dévorer. Le cas le plus expressif est celui du journaliste Daniel Safu, frappé d'un embargo de 60 jours, par l'assemblée plénière du 31 octobre 2017, une assemblée n'ayant pas atteint le quorum réglementairement exigé.[50]

Le comportement de la CENI dans le dossier des élections des nouveaux gouverneurs de onze provinces en 2017 a relancé, avec raison, le débat sur l'indépendance et l'impartialité effectives de cette institution d'appui à la démocratie. Comment pouvait-elle publier le calendrier des élections des gouverneurs dans ce climat d'irrégularités majeures concernant la vacance des postes ? Elle devait d'abord se rassurer de toutes les vacances, selon l'esprit et la lettre de l'article 198 de la Constitution.

Pire encore, dans son calendrier du 18 juillet 2017, la CENI se permit d'insérer la province de l'Equateur qui ne figurait pas dans la lettre du ministre de l'Intérieur du 14 juillet 2017 ; alors que la même CENI se référait, entre autres, à cette lettre comme fondement juridique de son

---

[50]Id., « Liberté de la presse : le CSAC cloue le bec du journaliste Daniel Safu », dans *7sur7.cd,* [En ligne], http://7sur7.cd/new/2017/11.

calendrier[51]. C'est la dénonciation de l'honorable Thomas Lokondo et la pression populaire, spécialement celle des journalistes, qui ont finalement contraint la CENI à revenir à la raison, à se rebiffer en se dédisant honteusement, par la suspension de ladite élection. Ne serait-il pas mieux de l'annuler tout simplement que de la suspendre ?

C'est pour cela que beaucoup de compatriotes disent que la CENI joue le jeu du pouvoir ; elle fait la volonté de la MP. Et toute cette macédoine présage les mascarades d'élections auxquelles la CENI se prépare à conduire le peuple congolais.

Lorsque la CENI se comporte de la sorte pour les élections des gouverneurs, qu'en sera-t-il alors de la présidentielle qui a plus d'enjeux ? Faudra-t-il attendre, là aussi, la pression populaire pour que la CENI se range enfin derrière la vérité pour nous donner le nom du vrai président objectivement élu ?

Au lieu de professer sa foi en Dieu, le président de la CENI le fait en sa machine à voter que les Congolais appellent, à tort ou à raison, machine à frauder ou à tricher. Il ne jure que par cette machine, en parle avec émotion et passion ; il n'entend rien négocier même pour déboucher sur le consensus électoral que la communauté nationale et internationale appelle de tous ses vœux. Selon lui, sans machine à voter, il n'y aura pas d'élection en 2018 ; alors qu'il n'en a pas fait mention dans son calendrier.

Il est étonnant qu'il ne se soit pas plié, même après que les autorités sud-coréennes ont désavoué, solennellement et officiellement, ces machines fabriquées dans leur pays.

On se souviendra toujours de cette arrogance dont le président de la CENI, Monsieur Corneille Nangaa, a fait preuve sur RFI, le vendredi 22 juin 2018, lors de sa sortie médiatique catastrophique et ratée. S'il pouvait y mettre

---

[51]Anonyme, « Calendrier pour l'élection des gouverneurs déchus en RDC », dans *VOA*, [En ligne], http://www.voaafrique.com.

un peu d'intelligence et de bon sens ! A une question qui lui a été posée en rapport avec l'audit des machines à voter, il répondit avec désinvolture : « […] nous n'allons pas partir d'audit en audit. Notre mission, ce n'est pas d'être audité. Notre mission, c'est d'organiser les élections ».[52] Pourquoi une telle prise de position alors que, en avril 2018, il avait accepté de faire auditer les machines à voter ?[53] Ses maîtres à penser ou ses souffleurs de la MP le lui auraient-ils finalement déconseillé pour ne pas porter préjudice à leur machination ou cabale ?

Ne trouvant aucune explication objective à l'opiniâtreté de Monsieur Corneille Nangaa, certains milieux pensent qu'il serait envoûté, considérant qu'un homme qui a le contrôle de tous ses sens ou facultés ne peut pas se moquer éperdument de tout le monde, la MP exceptée.

Sur quel rempart inébranlable pense-t-il s'être appuyé pour narguer et défier ainsi toute la communauté nationale et internationale ? Que cacherait une telle intransigeance ?

La participation du président de la CENI, Monsieur Corneille Nangaa, censé être neutre, à la réunion stratégique du PPRD organisée le 24 novembre 2017 à l'hôtel du Fleuve a encore jeté de l'opprobre sur cette institution d'appui à la démocratie. En en parlant, Afriwave qualifie cette messe noire de « scandale de trop au sommet de l'Etat »[54].

---

[52]Corneille NANGAA, cité par Florence MORICE, « Invité Afrique – Corneille Nangaa, en RDC, « ma mission n'est pas d'être audité mais d'organiser les élections », dans *RFI LES VOIX DU MONDE*, [En ligne], http : // m.rfi.fr/émission/20180622-rdc

[53]Anonyme, « RDC : La commission électorale indépendante va faire auditer les machines à voter », dans *RFI Afrique*, [En ligne], http : // www.rfi.fr/afrique/201804/17-rdc.

[54] Anonyme, « Révélation de *Jeune Afrique* sur le PPRD : Aubin Minaku, Henri Mova et la CENI, un scandale de trop au sommet de l'Etat », dans *AFRIWAVE*, [En ligne], http://www.afriwave.com

L'enregistrement sonore qui en fait état révèle, à la face du monde, la manière dont Monsieur Aubin Minaku, secrétaire général de la MP, félicite Monsieur Corneille Nangaa pour avoir su "épater" et "convaincre" sur l'utilité de la machine à voter. On y lit, entre les lignes, que la MP fonderait, sur cette machine à voter, tout son espoir de victoire aux prochaines élections.

Selon certains observateurs avisés, il ne s'agirait finalement, là encore, que d'une stratégie de la MP, de connivence avec la CENI, pour flouer l'opposition. Ne cautionnant pas cette machine à frauder, le moment venu, cette opposition cherchera, peut-être, à boycotter les élections en ne s'y présentant pas. Comme au second tour des élections présidentielles kenyanes de 2017, une telle démarche d'abstention ne pourra que profiter à la MP.

D'autres encore pensent que, dans son intransigeance, Monsieur Corneille Nangaa ne ferait que planifier un autre glissement au profit de la MP. Ainsi, à un moment donné, il dira : « comme la machine à voter ne fait pas l'unanimité de la classe politique, nous devons l'abandonner ; et pour cela, les élections devront être reportées à telle ou telle autre date ultérieure ».

Qu'adviendrait-il au cas où cette CENI se comportait comme la commission électorale du Kenya ? Notre Cour constitutionnelle pourra-t-elle dignement et courageusement emboîter le pas à la Cour suprême de justice kenyane en invalidant des élections ainsi biaisées ? Beaucoup de Congolais sont sceptiques, vu la partialité et la complaisance dont les juges de cette Cour se sont rendus coupables, à plusieurs reprises, à nos yeux, sous nos yeux. Il faudra peut-être attendre que Jésus leur apparaisse sur la route de Damas pour les changer de Saul en Paul !

II.5. UNE JUSTICE DU TRIPATOUILLAGE

Consciente des irrégularités dont est entaché l'arrêt relatif au report de la présidentielle, la MP au pouvoir, ayant déjà des plans diaboliques à faire entériner par la Cour constitutionnelle, sa caisse de résonance, cherchait à monter des stratégies pour contrecarrer l'intransigeance et l'objectivité de certains juges de cette Cour qui ne se laissent pas corrompre.

C'est dans cette logique que, faisant fi de sa propre moralité et probité intellectuelle, un ministre, que je prenais pour une sommité quand je grandissais à Kailo ou à Kindu (Maniema), s'était permis de se présenter, devant l'Assemblée nationale, avec un projet de loi non entériné par le Conseil des ministres, contrairement à ce qu'exige la Constitution. Voulait-il prendre tous les Congolais, à travers la Représentation nationale, pour des idiots ?

Curieusement, même le président de l'Assemblée nationale était dans le coup. En effet, selon le règlement d'ordre intérieur de cette institution, c'est le Premier ministre qui est l'autorité habilitée à saisir le président de la chambre basse du Parlement.[55] Pourquoi Monsieur Aubin Minaku avait-il coopéré dans cette entreprise biaisée et criminelle ? Elle est criminelle du fait des objectifs poursuivis. Il n'y a rien qui étonne, parce que tous les deux roulent pour le pouvoir ; ils doivent le protéger et le conserver coûte que coûte. Heureusement qu'après les avoir confondus dans leur fausseté, l'honorable Thomas Lokondo les avait remis à l'ordre, comme nous le faisait l'un de nos enseignants de l'école primaire.

---

[55]Stanys BUJAKERA, « L'Assemblée nationale a rejeté le projet de loi modifiant la composition de la Cour constitutionnelle », dans *ACTUALITE.CD*, [En ligne], http://actulite.cd/2017/16/05.

Et quel projet de loi ? Il présentait un projet de loi portant modification de la loi organique n° 13/026 du 15 octobre 2013 sur l'organisation et le fonctionnement de la Cour constitutionnelle ; en sollicitant la révision, à la baisse, du nombre des juges de la Cour constitutionnelle qui devrait passer de 9 à 5, « pour plus de souplesse dans l'administration de la justice », avait-il soutenu. Une autre question: le ministre nous prend-il pour des imbéciles ?

Nous le savons tous : leur entreprise criminelle n'avait pas pour objectif de rendre plus souple l'administration de la justice. La vérité est celle-ci : la MP cherchait à régler les comptes à ces juges qui avaient refusé de participer à l'audience de la Cour constitutionnelle qui avait autorisé à la CENI de reporter la présidentielle. Aussi, en les écartant, elle aura toutes les marges de manœuvre dans la concrétisation des plans diaboliques qu'elle concocte actuellement. Ainsi, plus qu'aujourd'hui, la Cour constitutionnelle sera davantage une caisse de résonnance du pouvoir.

Quand on assiste à tous ces théâtres, il y a lieu de se poser ces questions : nos politiciens agissent-ils par conviction ou par complaisance ? Et lorsque la tricherie s'organise et s'installe ainsi à la tête de ce ministère, que devons-nous attendre de cette Justice ? Il est certain que le poisson pourrit par la tête. Après tous ces forfaits, auront-ils encore le courage de nous débobiner, dans leurs discours, des théories sur la justice et les droits de l'homme ?

Il est vrai que les membres de la MP remuent ciel et terre pour un troisième mandat du chef de l'Etat, Joseph Kabila. C'est dans cette logique que, avec un courage de kamikaze, le gouverneur par intérim du Maniema, Monsieur Jérôme Bikenge, a invité, le 15 mai 2018, ses administrés deKindu à voter massivement Joseph Kabila aux prochaines élections[56], au mépris de l'article 70 de la Constitution : « le Président de la République est élu au suffrage universel direct pour un mandat de cinq ans renouvelable une seule fois ». De fait, il n'a fait que relayer ou dire clairement ce que, dix jours avant, Monsieur Emmanuel Shadari, secrétaire permanent du PPRD, avait déclaré, dans un langage codé, à Mbandaka.

En le disant, les deux frères du Maniema militent-ils pour leurs propres ventres ou pour leurs frères et sœurs meurtris et paupérisés par ce régime qu'ils défendent bec et ongles ? Ils ont le peuple sur les lèvres, et non dans leurs cœurs.

D'autre part, quelle mouche a piqué ces deux compatriotes pour mettre déjà sur la place publique ce qui se chuchoterait encore dans certaines de leurs officines ? Est-ce un excès de zèle, une imprudence, une indiscrétion ou une inconscience ? Ont-ils été mandatés, par leur maître ou leurs coreligionnaires, pour tâter le terrain ou lancer le ballon d'essai ?

Quant à moi, je ne peux que les renvoyer à la Constitution, comme le chef de l'Etat lui-même le fit pour répondre à la journaliste qui lui posait la question sur son probable troisième mandat lors de sa conférence de presse du 26 janvier 2018. Enfin, je leur prodiguerai un conseil fraternel : au lieu de continuer à nous raconter des balivernes, ils ont intérêt à nous présenter le bilan des deux dernières mandatures de ce régime dont ils font l'apologie. C'est de cela que le peuple a besoin.

Curieusement, deux jours après, cette campagne était suivie d'une contre-campagne : en confiant un ministère provincial à une dame qui ne sait même pas lire un texte qu'on lui a préparé, Monsieur Jérôme Bikenge a

---

56 Anonyme, « le Gouverneur de Maniema appelle sa population à voter Joseph Kabila aux prochaines élections », dans *Politico.cd*, [En ligne], http://www.politico.cd/2018/05/16.

davantage jeté de l'opprobre sur la MP. Un homme sérieux peut-il croire à une campagne pilotée par celui qui procède à une telle nomination ? Et lorsque le Cardinal Laurent Monsengwo demande aux médiocres de dégager, le régime rouspète.

Dans le même ordre d'idées, du troisième mandat, le téméraire chercheur Jean Cyrus Mirindi s'est évertué à communiquer aux Congolais son « hérésie et délinquance constitutionnelle », pour reprendre les termes d'un professeur d'Université. Selon ce fameux chercheur, la révision constitutionnelle de 2011 ayant ramené le compteur à zéro, Monsieur Joseph Kabila a droit à un autre mandat qui ne serait en fait que son deuxième. Monsieur Mirindi déclarait, avec arrogance, que cette thèse n'était que le fruit de ses recherches. Mais, l'audio partagé sur les réseaux sociaux à partir du vendredi 25 mai 2018 prouve clairement que cette supercherie a été concoctée par les caciques du pouvoir. On y entend Monsieur Mirindi faire un rapport à l'un de ses maîtres à penser. Le même audio laisse aussi comprendre que ces imposteurs comptent sur la Cour constitutionnelle, pour avaliser leur supercherie. J'espère que, pour son propre bien et celui de sa progéniture, le chef de l'Etat ne cautionnera pas ce mensonge qui pourra conduire notre cher et beau pays à l'hécatombe. Ce serait, pour lui, une grande responsabilité à porter, devant Dieu et l'histoire. Je suis convaincu qu'il est assez lucide pour en comprendre les enjeux et les contours afin qu'il ne se laisse pas aller comme un agneau docile qu'on mène à l'abattoir. En optant pour un tel virage, il ne pourra que s'embourber, s'engouffrer. Qu'il se méfie de tous ces renards ou flatteurs rusés qui le prennent pour leur corbeau (cf. l'une des fables de Jean de La Fontaine, *Le corbeau et le renard*). Ils seront les premiers à le traiter de la manière dont Pierre avait renié son maître, Jésus.

C'est dans ce cadre d'ailleurs que le professeur Alphonse Maindo parle du « système corbillard » : usant de leur flatterie, pour leurs intérêts, certaines personnes conduisent le chef de l'Etat au cimetière, c'est-à-dire à sa mort politique, la fin tragique de son règne.

Aujourd'hui, il est vrai que les Mobutistes d'hier se débattent, comme un diable dans un bénitier, pour que Monsieur Joseph Kabila soit maintenu au pouvoir ou se fasse succéder par son dauphin, même au mépris de la Constitution. Mais sincèrement, connaissant leurs méthodes, leur souplesse légendaire et leur opportunisme à outrance, je ne serai pas surpris d'apprendre demain qu'ils ont tourné le dos à Monsieur Joseph Kabila comme ils l'avaient fait jadis à l'égard de Mobutu, du RCD et du MLC de Jean-Pierre Bemba. Et, cette fois-ci, ce sera pour servir peut-être les intérêts de Moïse Katumbi qu'ils diabolisent aujourd'hui et à qui ils tendent des peaux de bananes de la même manière qu'ils traitaient Joseph Kabila en 2002 ou 2003. Au même moment où ils jouent le jeu de la MP, il y en a qui seraient en pourparlers avec Moïse Katumbi, Félix Tshisekedi, Vital Kamerhe ou tout autre vrai opposant pour que, au moment opportun, ils franchissent le Rubicon sans difficulté.

C'est cela l'éthique de certains de nos politiciens congolais : une éthique du dévergondage ou du vagabondage politique. Certains esprits inventifs les appelleraient des « caméléons politiques. » En effet, à l'instar des caméléons qui prennent la couleur de leur milieu ambiant, certains de nos politiciens épousent telle ou telle idéologie selon le paysage politique du moment, car ce sont des hommes sans conviction, à la recherche des intérêts égoïstes.

Les Kinois les appelleraient « basi ya ndumba » c'est-à-dire des femmes libres, des prostituées qui se jettent aux bras du plus offrant, sans aucune moralité.

Dans d'autres circonstances, on les qualifierait de « politiciens de la transhumance ». Comme les troupeaux transhument à la recherche du bon pâturage et/ou de l'eau, ainsi agissent certains politiciens en RDC, en vue d'être admis à la mangeoire, dans « le pays où coulent le miel et le lait ». Ils font ce que François Bayart appelle « la politique du ventre ». Qu'ils sachent toutefois que la transhumance expose souvent les animaux à des maladies et certains y crèvent même.

La situation actuelle de Willy Mishiki, ex-vice-ministre, devrait instruire nos frères congolais, spécialement, ceux de l'opposition et de la société civile. Malheureusement, « ils ont des yeux, et ne voient pas, ils ont des oreilles, et n'entendent pas » (Jr. 5, 21). Comme ils font la sourde oreille, à un moment donné, ils n'auront que leurs yeux pour pleurer lorsque, après les avoir débauchés, fragilisés, et démystifiés, la MP les aura éjectés et abandonnés à leur triste sort, comme une orange dont on a sucé tout le jus. Où est-il aujourd'hui, ce prophète de malheur qui avait prédit le décès d'Etienne Tshisekedi pour s'attirer l'attention et la sympathie de la MP ? Où sont aujourd'hui Germain Kambinga, Yves Kisombe et autres ? Des jeunes très intelligents qui avaient de l'avenir dans la sphère politique de notre pays. Ils ont malheureusement pris l'option de prostituer leur intelligence à tel point qu'aujourd'hui certains compatriotes les considèrent comme des produits politiquement périmés, impropres à la consommation, pour toujours. D'autres encore les prennent pour du plastique usé, déclassé, jeté dans la poubelle, mais qui, par chance ou selon les circonstances du moment, pourra être repêché pour le recyclage, afin d'être mis, une fois de plus, sur le marché (politique) sans aucune garantie d'être prisé. Seul l'avenir tranchera entre l'un et l'autre points de vue.

Il y en a qui peuvent accepter que tout le Congo brûle, pourvu qu'eux et leurs petites familles continuent à vivre. L'un d'eux avait d'ailleurs dit quelque chose de semblable, par rapport à la ville de Kindu, lors de la guerre du RCD, se bombant le torse ou la poitrine du fait que le mouvement auquel il appartenait avait donné l'ordre d'abattre un avion qui transportait des civils. Ils parlent toujours au nom de ce même peuple qu'ils ne cessent d'appauvrir, de paupériser et de meurtrir. On ne le dira jamais assez : ils ont le peuple sur les lèvres et non dans leurs cœurs.

Ils ne se servent du peuple que, comme tremplin ou escabeau, pour assouvir leur soif effrénée du pouvoir. Un fait le démontre à suffisance, une fois de plus : suite aux tergiversations et inconstances du régime de Kinshasa, la France et le Rwanda, par leurs présidents respectifs, ont tenu, en mai 2018, des propos qui n'ont pas enchanté la MP. Ledit régime étant aux abois, sans avoir froid aux yeux, le porte-parole du gouvernement, Monsieur Lambert Mende s'est permis de dire, lors de son point de presse, que le gouvernement comptait sur « la résistance farouche du peuple congolais »[57].

De quel peuple Monsieur Lambert Mende parlait-il ? S'agissait-il de ce peuple auquel l'actuel gouvernement ne garantit ni pain ni paix ? Faisait-il allusion à ces Congolais dont les droits fondamentaux sont bafoués et les marches pacifiques réprimées dans le sang ? Etait-il question de ce peuple qui est tourné au ridicule par la MP et son agent d'exécution (la CENI) quant à l'organisation des élections ? Soyons sérieux. Pour quelle raison ce peuple défendrait-il le régime de ses bourreaux ?

---

[57]Anonyme, « Kinshasa contre-attaque après la déclaration de Macron et Kangame sur la RDC », dans *Digital Congo.net*, [En ligne], http://www.digitalcongo.net/article.

Résistera-t-il pour permettre à ces prédateurs de perdurer au pouvoir ? Ne soutiendrait-il pas toute initiative susceptible de lui rendre sa dignité en l'affranchissant de ce joug que lui font porter ses propres élus d'hier ?

Monsieur Lambert Mende n'est-il pas au courant du ras-le-bol exprimé régulièrement par ce peuple à l'égard de ce régime dont il est l'un des principaux ténors ? L'ignorer relèverait du sophisme ou de l'ironie ! Parlait-il ainsi pour contenter ou flatter le Raïs qu'il aurait alors pris, dans ce cas précis, pour une dupe ? Car, je m'imagine que, objectivement, le chef de l'Etat sait qu'il n'est pas en symbiose avec sa population. Le disait-il pour une simple consommation extérieure ?

Malgré toutes ces vociférations qui font écho par-ci par-là, lorsque le navire MP pourra complètement chavirer, les hérauts, les thuriféraires ou les chantres d'aujourd'hui n'aideront pas l'embarcation à retrouver son équilibre ; par contre, ils se sauveront dans la précipitation, cherchant alors, de manière éhontée, à franchir le Rubicon pour rejoindre l'autre rive, l'autre camp (politique).

A l'occasion, nous pourrons vivre un épisode semblable à celui du remaniement de pierre (Mc 14, 67-68). C'est cela la logique, la philosophie, le *modus operandi* de ceux-là que j'appelais tantôt des « caméléons politiques », des « politiciens de la transhumance », « basi ya ndumba. »

Dans une effronterie inédite, quelques « basi ya ndumba » ou « caméléons politiques » viennent de faire preuve de leur « talent » : le vagabondage politique. En effet, « les membres de l'opposition au sein du gouvernement et la Majorité présidentielle (MP) ont annoncé ce jeudi 7 juin 2018 la formation d'une plateforme électorale dénommée « Front Commun pour le Congo » (FCC) en vue d'une large victoire aux élections»[58]. Quoi que plateforme électorale, le fameux FCC ne serait, en réalité, qu'une nouvelle configuration, une forme rénovée ou déguisée de la MP. Les masques sont tombés : ceux qui prétendaient hier participer au gouvernement sous le label de l'opposition changent de langage ; ils pactisent officiellement avec la MP, au point d'en devenir des défenseurs acharnés. C'est ce qui arrive, de manière inexorable, lorsqu'on se laisse conduire par le ventre (la recherche effrénée de l'argent), en lieu et place de la tête (l'intelligence). C'est avec raison que François Bayart parle de la « politique du ventre.» Objectivement, la population peut-elle comporter sur ces politiciens dévoyés et fourvoyés? Je me pose une question fondamentale : que deviennent alors les accords de la CENCO lorsque des opposants se rallient à la MP ? Peut-on ainsi se moquer de tout un peuple ?

Toutes ces compromissions, tous ces dévergondages ne se justifient que par leur cupidité. En effet, tout leur agir est caractérisé par un seul leitmotiv, celui de satisfaire leurs appétits gloutons et égoïstes. Amasseront-ils plus d'argent que le feu Président Mobutu ? « Vanité des vanités, tout est vanité », nous enseigne l'Ecclésiaste.

Dans ce même sens, Sainte Catherine de Sienne disait : « Le monde est un pont ; traverse-le, n'y fixe pas ta demeure ». Aucun homme normal ou raisonnable ne peut construire sa maison sur un pont ; ce dernier ne nous aide qu'à passer d'une rive à une autre. Il en va ainsi de notre vie sur cette terre : nous devons nous en servir pour nous préparer à accéder à la vie éternelle. Par ailleurs, Monsieur Harry Truman, ex-président des USA disait : « On ne peut pas devenir riche en étant politicien, à moins d'être un escroc ».

---

[58] Stanys BUJAKERA TSHIAMALA, « RDC : Majorité et opposition au sein du gouvernement lancent le Front commun pour le Congo (FCC) », dans *ACTUALITE.CD,* https//actualite.cd/2018/06/07.

II.6. UNE JUSTICE DU MENSONGE POUR LE BESOIN DE LA CAUSE : NUIRE OU SE COUVRIR

En République démocratique du Congo, le mensonge est l'une des armes de la Justice ; celle-ci s'en sert soit pour nuire aux personnes déclarées non grata par le pouvoir, soit pour couvrir les défaillances, maladresses et insuffisances de ce dernier.

Par exemple, à sa première sortie médiatique, le ministre de la Justice disait, sur l'affaire dite des «mercenaires », que Moïse Katumbi en avait recruté 600, qui n'existaient et n'existent nulle part d'ailleurs. Un mensonge d'Etat ? L'objectif à atteindre était de nuire à Monsieur Moïse Katumbi. D'autre part, pour couvrir, cacher les défaillances du pouvoir en place, le même ministre avait déclaré, à travers les ondes, le 17 mai 2017, qu'il n'y avait eu que 50 évadés de la prison de Makala alors que leur nombre vacillait entre 4000 et 5000.[59]

L'évolution du dossier de l'évasion massive du 17 mai, de la prison de Makala, révèle au grand jour le degré du grossier et nuisible mensonge dans lequel s'emploie ce régime. Le porte-parole du gouvernement, le ministre Lambert Mende, avait affirmé que ce fut l'œuvre des adeptes du BDM (Bundu Dya Mayala) de Ne Muanda Nsemi, qui avaient cassé les portes de la prison pour faire sortir les détenus.[60] Mais deux mois après, le 28 juillet 2017, la PNC (Police nationale congolaise) présentait d'autres personnes avec le fameux Tshimanga Ben Tshimanga à la tête, comme meneur ; elles feraient partie

---

[59]Alain DIASSO, « Evasion à Makala : bilan contradictoire sur le nombre d'évadés », dans *AGENCE D'INFORMATION* D'AFRIQUE *CENTRALE, [*en ligne], http://www.adiac-congo.com/content.

[60]Anonyme, « RDC : Evasion massive des prisonniers après l'attaque de la prison de Makala », dans *rfi AFRIQUE*, [En ligne], http://www.rfi.fr/afrique/2017/05/17.

de Kamwina Nsapu. Et, ayant été recruté au siège de l'UDPS, ce chef de file, Tshimanga Ben Tshimanga, assurerait le protocole du secrétaire général dudit parti selon le Colonel Pierrot Mwanamputu, porte-parole de la PNC.[61]

On peut alors se demander : entre le ministre Lambert Mende et la PNC, qui détenait les vraies informations et qui a dit la vérité ? L'une de deux parties a sûrement menti ; peut-être même toutes les deux.

A travers cette sortie médiatique, la PNC s'est inscrite dans la logique de la Justice de notre pays : se servir du mensonge pour se défendre ou nuire aux autres. Premièrement, étant défaillants, les services de sécurité et la police n'avaient pas pu appréhender les semeurs de trouble dans la capitale, depuis l'évasion massive de Makala jusqu'au meurtre de l'administratrice du grand marché de Kinshasa, en passant par les évènements de Matete et ceux de Kalamu. Comme on ne peut pas se prévaloir de ses propres turpitudes, il ne fallait pas accepter d'être ainsi cliché par la population. Il était alors impérieux de faire un tel montage pour redorer le blason, en montrant par ce fait que la police s'acquitte convenablement de ses obligations. Il s'agirait donc d'une simple justification des défaillances de la police et des services de sécurité.

Quoi qu'on dise, quoi qu'on fasse, il est de notoriété publique que les assaillants de Makala avaient opéré en toute quiétude alors que, dans un Etat normal, la prison est l'un des lieux les plus sécurisés ; même l'intervention ou le renfort sollicité depuis 3 heures du matin n'était arrivé que vers 6 heures. Quelle police de proximité ! Quelle Police d'intervention rapide, PIR en sigle !

---

[61]Anonyme, « RDC : Les présumés auteurs d'attaques de Kinshasa présentés par la police », dans *RADIO OKAPI*, [En ligne], http://www.radiookapi.net/2017/07/29.

Le second objectif poursuivi par la PNC serait celui de nuire aux autres. Comme la vraie UDPS est restée intransigeante après le débauchage de certains de ses membres (Samy Badibanga, Bruno Tshibala...), il fallait chercher à la diaboliser, la fragiliser en ternissant son image auprès du peuple congolais ; d'où la déclaration selon laquelle Tshimanga Ben Tshimanga était le protocole attaché au secrétaire général de ce parti politique historique de l'opposition. Heureusement que la population n'est plus dupe ; tous savent que notre PNC n'est pas apolitique ; elle est, par contre, instrumentalisée par le pouvoir en place.

Par ailleurs, certains analystes, habitués aux manœuvres et mascarades de la MP, pensent qu'il y a lieu de redouter le pire. Il ne s'agirait donc là que d'une action en amont. En aval, comme toujours, la même famille politique instrumentalisera la Justice en vue d'obtenir la condamnation de certaines grandes figures de l'UDPS pour, in fine, les déclarer inéligibles. Quelle est cette manière honteuse et ignoble de faire la politique : fomenter le mensonge pour écarter de la course des adversaires redoutables ! Cela ne peut que répugner, scandaliser toute conscience droite ou toute personne éprise de justice et de moralité. Une Justice qui traque les opposants !

II.7. LA MARCHANDISATION DES DECISIONS DE JUSTICE

Au vu de certaines situations, on se rend bien compte que, contrairement aux pauvres, ce sont les riches qui ont droit à la « justice ». Le mot justice est mis entre guillemets parce qu'il ne s'agit pas, à ce niveau, réellement de la justice, car les riches sont souvent acquittés au lieu d'être condamnés, alors que le pauvre est condamné, au moment même où il a raison. Visiblement, c'est le pouvoir de l'argent qui influence les verdicts. Les exemples sont légion. Comme le dit si bien Jean-Bosco Kongolo, « la corruption ravage tout l'appareil judiciaire, du plus haut magistrat au plus jeune nouvellement recruté. Elle se manifeste par la marchandisation, aux enchères, des décisions de Justice à la tête du client sommé de débourser en dizaines des milliers de dollars américains un montant parfois non négociable pour obtenir une décision de Justice favorable »[62].

Ce monnayage de la justice, le ministre Alexis Thambwe Mwamba lui-même l'avait fustigé lors de son allocution du 18 octobre 2017. Selon lui, aujourd'hui, les jugements et les arrêts des juges sont dictés par des considérations autres que le sens d'équité. Allant plus loin, enfonçant le clou, il avait traité les magistrats congolais de corrompus qui sont constamment à la recherche de 3V, à savoir, villa, voiture et veste.[63] Etonnamment, c'est dans le contexte d'une telle Justice que le chef de l'Etat dit aux Congolais : « la RDC se porte mieux qu'il y a un an, beaucoup mieux qu'il y en a quinze et son état s'améliore chaque jour d'avantage ». Fait-il la politique de l'autruche ? Est-ce une plaisanterie ou une ironie ?

Mais en jetant la pierre sur les magistrats, le ministre oubliait une vérité incontestable : c'est ce régime, dont il est l'une des têtes pensantes, qui a clochardisé les magistrats. D'autre part, à quelle moralité peut-il encore inviter les magistrats lorsque ce même régime les

---

[62]Jean-Bosco Kongolo, « Pouvoir judiciaire de la RDC : avec quels hommes et quelles femmes ? », dans *DESC-WONDO. Défense et sécurité du Congo,* [En ligne], http://desc-wondo.org/fr.

[63]Anonyme, « Conseil supérieur de la magistrature : l'allocution du ministre de la Justice fait tache d'huile », dans *LA TEMPETE,* [En ligne], http://www.latempete.info.

corrompt pour orienter certaines décisions judiciaires contre les opposants ? Un juge m'avait même confié que, sachant ce qui se passe réellement en coulisse, il se moquait du ministre en l'entendant ainsi vociférer lors de son intervention.

Quelque temps après, le même juge me rappela au téléphone et me dit : « Monsieur l'Abbé, que ton frère de Kindu ne se moque pas de nous ; nous savons tous que lui-même a d'ailleurs 5V. A côté des 3V qu'il avait cités, il en a encore deux de plus : le verbiage (creux) et le vagabondage (politique) ». Pris au dépourvu, je ne savais pas comment défendre Bwana Thambwe, comme on aime ainsi l'appeler affectueusement à Kindu. Mais pour distraire le juge, je répliquai : « Mon frère, si la dîme que tu me donnes chaque mois vient de cette corruption dont le ministre a parlé, j'y renonce dès aujourd'hui ». Nous avions alors tous deux éclaté de rire, et la conversation prit fin. Il continue toutefois à me remettre sa dîme même si…

Bien plus, même s'il lui arrive d'être condamné objectivement, le pauvre continue à trimer en prison après qu'il a purgé sa peine, faute d'argent pour faire arriver la réquisition ou pour payer les greffiers de la prison. D'autres encore, des pauvres, bien sûr, ne sachant pas suivre leurs dossiers, ne se rendent même pas compte qu'ils ont déjà purgé leurs peines.

II.8. UNE JUSTICE QUI SE CONFOND AVEC LE SERVICE DE RENSEIGNEMENTS

Contrairement au rôle qui lui est assigné, l'Agence nationale de renseignements, ANR en sigle, se substitue aujourd'hui à la justice. Elle se permet de détenir les compatriotes dans ses cachots pendant plus de trois mois, pour les préventions de droit commun ; les deux cas ci-dessous le prouvent bien. Les concernés m'ont permis d'en parler.

Monsieur Aimé Mukuma Ngandu, agent de la banque TMB avait été arrêté par l'ANR le 20 janvier 2016, pour la prévention d'association des malfaiteurs. L'interrogatoire n'avait eu lieu que du 20 janvier au 01 février 2016 ; mais il continuait à être gardé dans le cachot jusqu'au 18 octobre 2016, date à laquelle il avait été transféré au parquet.

Le deuxième cas est celui des Messieurs Nguza Bendelo Mussa et Kanvula Fumu Christian. Pour la même prévention d'association des malfaiteurs, ces derniers sont restés dans le cachot de l'ANR pendant plus de sept mois, du 23 juillet 2016 au 06 mars 2017, avant d'être transférés à Makala. Quand ils racontent les atrocités et les tortures vécues dans les cachots, même un sadique ne pourra pas retenir ses larmes.

Non seulement que l'ANR se substitue à la Justice, mais aussi, elle lui fait obstruction. Cette agence de renseignements s'est interposée à l'exécution de l'ordonnance de mise en liberté provisoire en faveur de Monsieur Gecoco Mulumba, dûment signée le 03 février 2018.[64]

II.9. UNE JUSTICE SOUMISE AUX HUMEURS PERSONNELLES DU CHEF DE L'ETAT : DES PRISONNIERS OTAGES D'UN INDIVIDU

Lors de mon séjour à la prison de Makala, je m'étais rendu compte que certains compatriotes continuaient à y être détenus selon le bon vouloir d'un homme, le Président

[64]Clément MUAMBA, « Liberté provisoire accordée, Gecoco Mulumba toujours à la Clinique de Ngaliema », dans *times.cd*, [En ligne], http://www.times.cd/2018/02/05.

Joseph Kabila Kabange, alors qu'ils avaient déjà été amnistiés et/ou acquittés.

Il s'agit principalement de ceux qui étaient condamnés pour l'assassinat de Mzee Laurent Désiré Kabila. Ils étaient amnistiés depuis le 19 décembre 2005 par la loi n°05/023 portant amnistie pour faits de guerre, infraction politique et d'opinions, et acquittés par la Cour africaine des droits de l'homme lors de sa 54ème session tenue du 22 octobre au 05 novembre 2013 à Banjul en Gambie.[65] Mais ils continuent à trimer à la prison centrale de Makala, parce que le Raïs ne veut jamais entendre parler de leur libération.

A cette liste s'ajoutent ceux qui étaient amnistiés depuis le 11 février 2014 par la loi n°014/006 portant amnistie pour infractions politiques et mouvements insurrectionnels : les militaires dits de Jean-Pierre Bemba, Monsieur Erick Kikunda, Maître Firmin Yangambi et d'autres. Ils ne peuvent pas, jusqu'à ce jour, jouir de leur liberté. Leur cas était même évoqué lors des pourparlers de la CENCO, dans le cadre des mesures de décrispation. Mais à ce jour, c'est le cadet des soucis des politiques congolais.

On est alors en droit de déduire que ce que le Raïs veut, la Justice doit le vouloir aussi ; ce que le Raïs décide, la Justice doit le décider à son tour. Sommes-nous dans un Etat de droit ou dans une jungle ? Vivons-nous dans une démocratie ou dans une monarchie dans laquelle les pouvoirs législatif, exécutif et judiciaire sont concentrés entre les mains d'un seul individu ? Dans quel pays vivons-nous ? Un pays unique en son genre.

N'y a-t-il personne pour rappeler au chef ses engagements ou ses obligations comme garant de la

---

[65] Anonyme, « 54ème session ordinaire : 22 octobre – 5 novembre 2013. Gambie », dans *CADHP,* [En ligne], http://www.archbr.org/fr/sessions/54th.

Constitution et Magistrat suprême, afin qu'il fasse appliquer la loi ? Malheureusement non ! Nos dirigeants africains se font plus entourer par des thuriféraires qui ne font que les encenser, sans avoir le courage de leur dire la vérité.

Dans la société traditionnelle africaine, quand un jeune chef se faisait entourer des vieux, ces derniers étaient pour lui des conseillers qui, se servant de leur sagesse, lui indiquaient la meilleure voie à suivre. Que font alors tous ces vieux politiciens qui sont à côté de notre jeune Président ? Pour se maintenir à leurs postes, ils applaudissent le chef même quand ils savent pertinemment et consciemment qu'il a pris la voie de la perdition. Ils lui prodiguent de mauvais conseils qui ne tiennent pas compte de l'intérêt général, pourvu que les leurs, mesquins et égoïstes soient-ils, soient préservés.

Comme thuriféraire, on ne peut rappeler au chef que ses prérogatives et non ses obligations. Allusion faite ici à ce faux-fuyant de « pouvoir discrétionnaire » du chef de l'Etat, comme prérogative constitutionnelle, qui était devenue le refrain des chantres de la MP lors des pourparlers de la CENCO.

Rappeler au chef ses obligations constitutionnelles ! Demandez à Vital Kamerhe, il vous dira le prix à payer quand on s'engage dans ce sens, ayant lui-même perdu la présidence de l'Assemblée nationale. Posez la question aux membres du G7, ils vous parleront de la diabolisation dont ils avaient été victimes pour avoir osé rappeler au chef certaines dispositions constitutionnelles. Je pense particulièrement au feu le patriarche Mwando Simba qui nous avait quittés pendant ces tumultes. Paix à son âme !

Par contre, ceux qui se nourrissent aux mamelles du pouvoir vous diront : « Si vous voulez vous pérenniser dans «le pays où coulent le miel et le lait », vous devez vous comporter en enfant de chœur, en acceptant de mettre au congélateur votre logique rationnelle, vos convictions morales ou religieuses, c'est-à-dire s'en défaire momentanément. Il faudra même devenir daltonien, par moment, en voyant rouge là où tout le monde voit vert ».

Pour continuer à garder sa place dans « le pays où coulent le miel et le lait », il faut être très ingénieux jusqu'à inventer même sa propre logique arithmétique. Nous avions suivi, par la voie des ondes, une déclaration qui faisait état de 50 évadés à la prison de Makala, le 17 mai 2017, alors qu'il y en avait réellement plus ou moins 4500. Quelle ingéniosité ?

Lui-même, le chef de l'Etat, est conscient de la médiocrité de la classe politique qui l'entoure, car, dans l'un de ses discours, il avait déclaré qu'il manquait, autour de lui, quinze bonnes personnes qui l'aideraient pour l'efficience de son action. Et dans cet imbroglio, lui seul connaît les raisons pour lesquelles il continue à les garder en dépit de leurs impostures, défaillances et incompétences.

Cet état de choses débouche alors inéluctablement sur des situations désolantes, comme celle que les Kinois déplorent et décrient aujourd'hui : la ville-province de Kinshasa est mal gérée, avec la persistance de l'insalubrité. Selon Kereph Kabeya, « s'il y a des ordures nauséabondes qui empestent l'atmosphère dans plusieurs quartiers, à l'origine certes il y a les Kinois, mais l'évacuation des immondices qui débordent des décharges temporaires revient à l'Etat, mieux, l'hôtel de ville »[66]. Avec le sens de l'humour qui caractérise les Kinois, Monsieur Pierre Dianga a publié, le 07 mai 2018, sur son mur facebook : « André Kimbuta Yango élevé au titre de

---

[66]Kereph KABEYA, « Insalubrité Kinshasa : la gestion des immondices et ordures reste un problème collectif », dans *LA PROSPERITE*, [En ligne], http://www.laprosperiteonline.net/2017/09/12.

docteur honoris immondice ». Lorsque le gouverneur est reconnu incompétent, pourquoi ne pas le déchoir ? On me dira peut-être que cela ne relève pas des prérogatives du Président de la République. Nous ne tombons pas d'une autre planète ; nous savons comment tout cela est le plus souvent orchestré, commandé ou commandité. D'où était venue l'initiative de la déchéance de Vital Kamerhe du perchoir de l'Assemblée nationale ?

II.10. UNE JUSTICE QUI PRIVE ET DESALIENE L'ETAT DE SES MOYENS

De connivence avec certains entrepreneurs, les juges prononcent des jugements avant dire droit qui contraignent la DGI à suspendre toute poursuite judiciaire à l'égard des véreux qui, obstinément, refusent de payer l'impôt. Il s'agit là des arrangements dans lesquels lesdits juges reçoivent des pots-de-vin, au détriment de l'Etat congolais. Le rapport de la LICOCO d'août 2017 en dit long.[67]

Par ailleurs, ces mêmes juges prononcent des jugements qui désaliènent l'Etat congolais de son patrimoine immobilier au profit des particuliers. Car, « au fil des années, la plupart de ces immeubles ont été soustraits du domaine privé de l'Etat pour diverses raisons dont notamment… les arrêts et jugements des Cours et tribunaux condamnant l'Etat »[68]. Ainsi, la majorité des maisons appartenant à l'Etat, dans la ville de Kinshasa, comme dans d'autres villes de la République, sont

---

[67]Anonyme, « RDC : le trésor public a perdu plus d'un milliard de dollars en 2016, dénonce la LICOCO », dans *RADIO OKAPI,* [En ligne], http://www.radiookapi.net/2017/08/21/actualite/Justice.

[68]Anonyme, « Comment l'Etat congolais se laisse déposséder de son patrimoine », dans *International,* [En ligne], http://www.lesoftonline.net/articles.

devenues, aujourd'hui, propriétés de certains individus ou entreprises.

II. 11. LA REPRESSION DES MARCHES PACIFIQUES DANS LE SANG

Allant à l'encontre de l'article 26 de la Constitution, le régime ne veut jamais entendre parler d'une manifestation publique qui puisse le mettre en cause. C'est ainsi que la marche pacifique des fidèles catholiques du 31 décembre 2017 fut réprimée dans le sang.

Choqué par la répression dont ses ouailles furent victimes, l'archevêque de Kinshasa, son Eminence le Cardinal Laurent Mosengwo s'était insurgé contre de telles pratiques qui bafouent la dignité de la personne humaine et transgressent la Constitution. A l'occasion, il avait dit : « Il est temps que les médiocres dégagent »[69].

Répliquant aux propos du Cardinal, certains ténors de la MP s'étaient investis dans des diatribes. Ils nous ont bouché les oreilles avec les brouhahas issus de leurs vociférations inaudibles, inintelligibles et indécentes.

Dans la foulée, le porte-parole du gouvernement, Monsieur Lambert Mende, à travers son point de presse, comme pour minimiser l'action des catholiques, avait rassuré l'opinion que ladite marche n'avait eu lieu que dans l'archidiocèse de Kinshasa et à Kamina ; alors que nous avions vu, de nos propres yeux les images, vraies, qui faisaient état des marches pacifiques à Lubumbashi, Kananga, Bukavu… Selon lui, les gaz lacrymogènes étaient tirés dans les églises suite à la présence des terroristes dans ces lieux de prière. Curieusement, il n'avait montré aucun de ces terroristes. Crachant sur les

[69]Anonyme, « Cardinal Monsengwo : « Il est temps que les médiocres dégagent et que règnent la paix et la justice en RDC » », dans *RADIO OKAPI*, [En ligne], http://www.radiookapi.net/politique/20180102.

martyrs du 31 décembre 2017, le ministre Lambert Mende ne reconnaissait aucune mort qui aurait un lien de causalité avec ladite marche.[70] Mais il fut, trois semaines après, contredit par le Président de la République qui, au cours de sa conférence de presse du 26 janvier 2018, en parlant de marches pacifiques, avait présenté ses condoléances à ceux qui avaient perdu leurs membres de famille le 31 décembre 2017 et le 21 janvier 2018.[71] Ce serait aussi une première : un Président de la République qui présente ses condoléances aux familles des terroristes abattus lors de leurs opérations !

Je souligne au passage qu'il fallait attendre la question d'un journaliste pour que le père de la Nation se souvienne des condoléances à présenter à ses enfants. Mais lorsque, quatre mois après, le mardi 29 mai 2018, il y a eu attaque terroriste à Liège, le même jour, le chef de l'Etat a présenté ses condoléances à sa Majesté Philipe, Roi des Belges. Je ne suis pas contre cette promptitude, car il en va de nos relations bilatérales. Toutefois, ce qui étonne et scandalise, c'est l'indifférence, l'insouciance, l'insensibilité du père de la Nation devant la mort des Congolais. D'ailleurs, une semaine avant les événements de Liège, plus de cinquante Congolais sont morts dans le naufrage d'une embarcation à la Tshuapa, sur la rivière Momboyo ; mais il s'est observé un silence radio du coté de notre Président de la République. N'avons-nous pas droit de nous en inquiéter ?

Revenons à nos moutons. Sans le savoir, à travers son point de presse, le ministre Lambert Mende n'a fait que donner raison au Cardinal qui avait dit : « Il est temps que les médiocres dégagent ! » En fait, c'est cela la

---

[70]Anonyme, « Point de presse du 03/01/2018 avec Lambert Mende », [En ligne], http://m.youtoube.com.

[71]Anonyme, « Conférence de presse de Joseph Kabila 26 janvier 2018 », [En ligne], http://www.m.youtube.com.

médiocrité : mentir, toujours mentir ; mentir de manière habituelle et répétitive, faisant ainsi du mensonge sa seconde nature. On s'y installe à telle enseigne que le menteur lui-même est convaincu qu'il ne pourra en sortir que grâce à une séance d'exorcisme. Qui l'en délivrera alors au moment où, délibérément, il va en guerre contre les exorcistes, c'est-à-dire les prêtres ? A-t-il pris l'option d'y demeurer pour toujours ? La médiocrité c'est le fait d'être taxé, par ses compatriotes, de ministre des mensonges. C'est ce qui poussa certains compatriotes, en l'occurrence le journaliste Joël Cadet Ndanga à parler du "Mendéisme" défini comme « une doctrine de Monsieur Lambert Mende qui consiste à revêtir un mensonge d'un bon français en vue de le faire passer pour une vérité ». Parlant du mensonge, un proverbe danois dit : « si chaque mensonge faisait tomber une dent, il y aurait bien des bouches sans dent ». Et selon Gandhi, le menteur est la personne la plus dangereuse.

De manière étonnante, ce mensonge, on se le transmet et on se le contamine, au sein d'un certain cercle, comme c'est le cas avec le virus du VIH/SIDA entre partenaires. Un penseur disait : « quand quelqu'un vous ment, c'est parce qu'il ne vous respecte pas assez pour être franc et il pense que vous êtes trop stupide pour connaître la vérité. » Il en résulte que les politiciens qui mentent au peuple ne le respectent pas et le prennent pour un idiot. Méritent-ils alors de la considération et de l'estime de ce même peuple ?

C'est dans cette logique de la contamination que s'inscrit le mensonge grotesque et odieux du ministre Félix Kabange Numbi lors de la marche pacifique du 21 janvier 2018 : ledit ministre avait séquestré, dans son chantier de construction, les fidèles et le curé de la paroisse Saint Christophe qui s'y étaient réfugiés, fuyant les exactions et les sévices des policiers et militaires. Il justifiait son forfait en prétextant que tous ces marcheurs, 145 au moins, le cherchaient pour attenter à sa vie ; alors que ses prétendus bourreaux n'exhibaient que leurs Bibles, crucifix et chapelets.[72]

Il était rejoint, dans cette sale besogne, par le ministre Joseph Kokonyangi et le pasteur Théodore Mugalu. Ce dernier n'avait d'homme de Dieu que sa Bible toute neuve qu'il tenait entre ses mains. À travers les contrevérités qu'il débitait, il reflétait plus l'image d'un thuriféraire ou un chantre du régime que celle d'un pasteur d'Eglise. Ne faisait-il pas une projection en taxant les catholiques d'occultistes ? En effet, en psychologie, la projection désigne l'opération mentale par laquelle une personne attribue à quelqu'un d'autre ses propres sentiments. Quant au ministre Joseph Kokonyangi, depuis que le dossier du crédit FPI et celui de la vente de l'immeuble UAC lui tiennent au cou ou à la gorge, il cherche à saisir toute opportunité pour se trouver des alliés comme bouée de sauvetage, béquille ou parapluie.

Estomaqué, c'est avec des larmes aux yeux que j'ai vu, sur une autre vidéo, le président de l'Assemblée nationale, Monsieur Aubin Minaku passer cautionner ou avaliser cette supercherie à la résidence de Monsieur Félix Kabange Numbi. Son passage en ces lieux nous avait au moins permis de nous rendre effectivement compte que la résidence est différente de ce chantier où s'étaient passés les traitements inhumains.

On y voit comment, gêné par la vérité des faits que le curé de Saint Christophe lui flanque posément à la figure, le président de l'Assemblée nationale est obligé de lui retirer la parole. En fait, la version du prêtre, vraie du

[72]Marie-France CROS, « RDC : un ministre dénonce une « attaque » avec des chapelets », dans *La Libre AFRIQUE,* [En ligne], http://www.afrque.lalibre.be/14004.

reste, contredisait le mensonge ourdi, fomenté et propagé par Monsieur Félix Kabange Numbi et ses deux acolytes.

La vérité est celle-ci : étant à cours de stratégie pour fragiliser des marches initiées par le Comité laïque de coordination, le pouvoir en place cherchait, à tout prix, à les revêtir d'un caractère subversif, agressif et violent. D'où les déclarations suivantes :

« Il n'y a pas de marche pacifique ; je l'ai dit et je le répète encore, parce que moi-même j'en suis victime » (Felix Kabange Numbi).

« Nous sommes en train de vivre la rébellion… on vient tuer Kabange » (Joseph Kokonyangi).

« […] pour venir assassiner le ministre Kabange Numbi » (Théodore Mugalu).

Quelques questions, comme se les posait le commentateur de la vidéo, nous permettent de déceler leur mensonge de bas étage. Si les marcheurs tenaient à assassiner le ministre, devaient-ils le chercher au chantier ou à sa résidence ? S'ils cherchaient réellement à l'abattre, ces 145 jeunes ne l'auraient-ils pas fait en une minute avant l'arrivée de toute intervention ? Le ministre Joseph Kokoyangi parle de la rébellion en exhibant l'un des chapelets des marcheurs. Soyons sérieux ! Fait-on la rébellion avec des chapelets et des Bibles à la main?

Jean-Marie Kayembe décrit bien les faits : « La vidéo a fait le buzz sur les réseaux. On y voit des Congolais déshabillés, en sous-vêtements, et couchés à même le sol dans la parcelle en chantier du ministre Félix Kabange où ils sont partis trouver refuge pour échapper aux tirs des policiers lors de la marche du 21 janvier dernier initiée par le CLCC.[73]»

---

[73]Jean-Marie KAYEMBE, « Le ministre Félix Kabange expose à moitié nus des pères de famille », dans *l'exclusivité.info*, [En ligne], http://www.lexclusif.info.

A voir comment les compatriotes étaient maltraités, on ne peut qu'être indigné et révolté de la manière qu'on le fut devant les images de l'esclavage des Africains immigrés en Lybie. Il s'agit des traitements inhumains et dégradants condamnés par l'article 5 de la Déclaration universelle des droits de l'homme. Je présage que, le jour où les intouchables d'aujourd'hui ne le seront plus, lorsqu'il n'y aura plus de Justice d'injonctions ou celle de "deux poids, deux mesures", les portes de la prison s'ouvriront réellement grandement pour accueillir ceux qui vivent actuellement dans la permissivité et l'impunité ; surtout que certaines infractions sont imprescriptibles.

La médiocrité, c'est condamner ou faire condamner des innocents, fomenter des dossiers judiciaires, comme celui de 600 mercenaires. C'est désaliéner l'Etat de son patrimoine immobilier, c'est dédoubler les partis politiques, débaucher les opposants, et se faire débaucher… Selon Bihamane Belattaf, « quand la médiocrité règne, l'incompétence est une règle, la roublardise une culture ».

La vérité étant têtue, deux semaines après le speech du Cardinal, soit le 16 janvier 2018, lors du culte organisé à l'occasion du 17e anniversaire de l'assassinat de Laurent Désiré Kabila, le pasteur David Ekofo de l'ECC a abondé dans le même sens en martelant : « Nous sommes en situation de non-Etat ». Et dans son réquisitoire, il ne s'est pas empêché de faire allusion à une passation civilisée du pouvoir attendue de tous : « (il faut) savoir passer le bâton quand il s'agit d'une course athlétique pour gagner ensemble »[74].

Aux yeux de beaucoup de Congolais, l'ECC venait de rompre, de manière fracassante et inattendue, avec la

---

[74]Christine TSHIBUYI, « Pasteur François – David Ekofo : « l'Etat congolais n'existe pas ! Léguons à nos enfants un pays de droit » », dans *ACTUALITE.CD*, [En ligne], http://www.actualite.cd/2018/01/16.

complaisance de son ancien président qui s'accommodait à amadouer la MP, en la caressant dans le sens du poil. Pour le besoin de la cause et à dessein, il biaisait et tordait même l'exégèse de certains passages bibliques, surtout Romains 13, 1 : « toute autorité vient de Dieu ». Mais il oubliait que, à propos de Hérode, Jésus notre maître avait dit : « Allez dire à ce renard » (Lc 13, 32), au lieu de dire : Allez dire à ce roi.

Comme il fallait s'y attendre, juste après le culte, les réactions des caciques du pouvoir ont déferlé, frisé de toute part. L'un d'eux traitait les propos du pasteur de "excessifs". Un autre, et pas le moindre, le secrétaire général du PPRD d'alors, le professeur Mova Sakanyi, avait déclaré que le pasteur ne s'adressait pas seulement aux dirigeants, mais à tout le monde.

Cette réaction du professeur Mova Sakanyi me pousse à me poser une question : lorsque, dans son homélie, le pasteur David Ekofo dit : « notre pays ne restera pas toujours faible comme vous l'avez rendu aujourd'hui…, il se relèvera », à qui s'adresse-t-il ? À la maraîchère de Kingabwa ou à mon oncle paternel qui pêche dans la rivière Ambwe ? Face à cette citation, même ma nièce qui est à l'école primaire comprend aisément que c'est le régime actuel qui est le destinataire de ce message, car c'est lui, et lui seul, qui a amené la République démocratique du Congo à l'état où elle se trouve aujourd'hui.

Prétexteront-ils que les deux autorités ecclésiastiques leur en veulent parce qu'ils chercheraient à s'emparer de leur pouvoir temporel ? Prétendront-ils que la vérité n'est que du côté de la MP ? A ce niveau, le passage biblique cité par le pasteur David Ekofo résonne à nos oreilles de manière percutante et pertinente : « Malheur à ceux qui appellent le mal bien, et le bien mal, qui font des ténèbres la lumière, et de la lumière les ténèbres… » (Is 5,20).

II. 12 UN PEUPLE RANÇONNE ET PENALISE PAR SES PROPRES DIRIGEANTS

Injustement, le pouvoir en place a rançonné et continue à exploiter la population dans le fameux dossier des passeports. D'après le communiqué du ministère des Affaires étrangères signé le 15 septembre 2017, tous les passeports semi-biométriques ne devaient plus être valides à partir du 16 octobre 2017.[75] Par leur amnésie, ils avaient déjà oublié que, lors de l'inauguration du passeport biométrique, le 10 novembre 2015, le même ministère, à travers son ministre d'alors, Raymond Tshibanda, avait affirmé que les détenteurs des anciens passeports dits semi-biométriques allaient les garder jusqu'à leur expiration avant de se procurer un nouveau passeport biométrique.

Aux yeux de nombreux observateurs, l'annulation de passeports en cours de validation pour obliger leurs détenteurs à s'en procurer de nouveaux n'était qu'une affaire d'argent, un moyen pour rançonner ce peuple déjà paupérisé par les mêmes commanditaires de ladite opération.

Comme pour couvrir leur crime, ils faisaient croire que la décision d'annuler la validité de ces passeports en cours de validité était liée au refus des pays partenaires d'accepter que circulent simultanément deux types de passeports congolais. Directement, ils furent contredits par l'espace Schengen qui avait affirmé que, depuis fin 2015, ils ont toujours accepté tous les deux types de passeports.

Il avait fallu le tollé général et l'interpellation de l'honorable Juvenal Munubo pour que le ministre des

[75]Anonyme, « RDC : les anciens passeports semi-biométriques seront invalidés à partir du 16 octobre », dans *RADIO OKAPI,* [En ligne], http://www.radiookapi.net/2017/09/17/actualité/politique.

Affaires étrangères prenne certaines mesures d'assouplissement le 02 octobre 2017 :

- la prolongation de la durée de validité des passeports semi-biométriques en reportant leur annulation au 14 janvier 2018 ;
- les détenteurs des passeports semi-biométriques dont la validité court entre 2019 et 2020 bénéficieront d'un rabais de 85 dollars sur le prix du nouveau passeport, soit 100 dollars au lieu de 185 dollars.[76]

Deux questions fondamentales se posent : doit-on gérer la cité, la gouverner par essais et erreurs comme le démontre bien le dossier des passeports ? D'où ont-ils tiré le droit de désaliéner injustement le peuple d'un droit préalablement acquis ?

A cela s'ajoute le dossier de la coupure d'internet, à l'occasion des manifestations publiques, spécialement le 31 décembre 2017 et le 21 janvier 2018. Le grand scandale vient du fait que le document demandant aux sociétés de télécommunication de suspendre le service internet était signé par le ministre Emery Ukunji qui, hier à l'opposition, était monté au créneau pour condamner de telles pratiques. Comme le dit François Bayart, c'est la politique du ventre qui le conduit.

Dans leur misère, les Congolais se consolent, tant soit peu, à communiquer, à se donner des nouvelles, surtout par ces réseaux sociaux qui coûtent moins cher. Ceux-là mêmes qui leur ôtent leur dignité les privent aussi du droit à la communication au fallacieux motif de sécurité d'Etat. Pire encore, leurs crédits (unités) activés d'avance ont volé en éclats, n'ayant pas été utilisés. Qui le dédommagera ?

[76]Anonyme, « Kinshasa assouplit le retrait controversé des passeports semi-biométriques », dans *VOA AFRIQUE*, [En ligne], http://www.voafrique.com.

Sont-ce les sociétés de télécommunication qui se couvrent derrière cette décision politique du pouvoir?

II. 13 LE DEDOUBLEMENT DES PARTIS POLITIQUES DE L'OPPOSITION

Dans son objectif de fragiliser ses adversaires politiques, la MP a créé ou fait créer des doublons des partis politiques de l'opposition : MLC/Liberal... Elle les a enregistrés au grand mépris de la loi n°04/002 du 15 mars 2004 portant organisation et fonctionnement des partis politiques qui, en son article 7, stipule : « aucun parti politique ne peut adopter la dénomination, le sigle, les symboles et autres insignes distinctifs, d'un autre parti politique déjà enregistré [...] ».

Il avait été décidé, aux pourparlers de la CENCO, de déporter les arrêtés relatifs à l'enregistrement de tous les doublons. Le comble c'est que le ministre de l'Intérieur les a inscrits sur la liste des partis politiques autorisés à concourir, à participer aux élections de décembre 2018. Le professeur Mova Sakanyi a ainsi craché sur les accords au nom desquels il avait été nommé vice-premier ministre. Un peu de bon sens : peut-on raisonnablement scier la planche sur laquelle on est assis ?

On rencontre, sur cette liste, des aberrations et des incongruités indigestes et insupportables. Par exemple, elle répertorie quatre partis politiques dénommés UDPS dont deux (UDPS/Tshisekedi et l'UDPS/Tshibala) sont enregistrés sur une même adresse physique, avec un même arrêté, alors que la Justice avait déjà débouté l'UDPS /Tshibala. Avec raison, Georges Kapiamba y voit « une manœuvre du régime de Kinshasa de créer la confusion dans les esprits des électeurs. »[77] C'est dans ce sens que, lors de l'émission *Kiosque* du 18 mai 2018, la journaliste Christelle Vuanga avait taxé l'UDPS/Tshibala de « UDPS/Kingakati » parce que, selon elle, ce doublon avait été créé lors de l'un des pandémoniums de la MP à Kingakati.

Mon souhait le plus ardent est que, un jour, surgisse un courageux qui puisse créer le PPRD/Libéral. On verra alors l'attitude ou la réaction du ministère de l'Intérieur. Enregistrera-t-il ce nouveau parti politique comme il le fait, avec empressement d'ailleurs, pour les doublons des partis de l'opposition ?

II.14. QUELQUES PARTICULARITES QUI FONT EXCEPTION

Même si notre système judiciaire est à plaindre, comme nous avons pu le démontrer tout au long de ce chapitre, il faut honnêtement dire qu'il s'y trouve, quand même, quelques particularités qui font exception.

Le cas de la juge Chantale Ramazani de Lubumbashi corrobore à suffisance notre assertion. Moi-même, tout au long de mon calvaire, j'avais pu rencontrer certains avocats et magistrats de bonne moralité. Je préfère taire leurs noms pour ne pas leur attirer le courroux ou la foudre de certains de leurs collègues et leurs supérieurs hiérarchiques qui sont des hommes sans foi ni loi. Après ma libération, j'étais parti à la rencontre de certains d'entre eux pour les saluer, les encourager, les remercier. Madame Joséphine Kitoko, activiste des droits de l'homme, se souvient du tour que nous avions fait à cet effet. Malheureusement, ils ne sont qu'une goutte d'eau

---

[77] Georges KAPIAMBA, cité par Serge Patrick MANKOU, « RDC : La liste des partis politiques fait débat », dans *africanews*, [En ligne], http://fr.africanews.com/2018/05/15.

dans l'océan. Étant minoritaires, que peuvent-ils entreprendre pour faire bouger les lignes ou redresser la barre ?

On comprend dès lors que, dans notre Justice, le pathologique est devenu la règle, tandis que le normal en est l'exception ; alors que, sous d'autres cieux, c'est l'inverse. On ne le dira jamais assez : nous vivons dans une société atypique, *sui generis*.

Sous cette rubrique des juges exceptionnels, il importe de mentionner, avec fierté, les quatre vaillants juges de la Cour constitutionnelle qui, refusant de cautionner la médiocrité, avaient séché l'audience publique du 17 octobre 2016 qui avait autorisé la CENI d'organiser les élections présidentielles hors délai constitutionnel. Il s'agit de l'avocat Corneille Wasenda, dont l'absence était justifiée pour cause de maladie, et des professeurs Félix Vundwawe, Jean Louis Esambo et Eugène Banyaku.[78]

Ils avaient défié ceux qui ont toujours pensé tout se permettre grâce aux billets de banque. Tout le monde s'était alors rendu compte que parmi les intellectuels congolais, il y en a qui n'acceptent pas de prostituer ou brader leur intelligence. Se départant d'un certain esprit moutonnier, ces trois professeurs d'université ont nagé à contre-courant de leurs collègues dont la vie professionnelle, surtout en politique, est aux antipodes de la science ou la doctrine qu'ils enseignent.

Mais, le professeur Jean-Pierre Mavungu, juge aussi à la Cour constitutionnelle, avait opté, quant à lui, de jouer le jeu du pouvoir en place. Que pouvait-on attendre de cet ancien directeur de cabinet du président de l'Assemblée nationale, Monsieur Aubin Minaku ? Il pense toujours qu'il est redevable à la MP qui l'aurait ainsi promu.

[78] Anonyme, « crise à la Cour constitutionnelle : Lwamba Bindu cherche noise à J.-L. Esambo », dans *7sur7.cd,* [En ligne], http://7sur7.cd/new/2016/11.

Personnellement, je pense sincèrement que, lorsqu'on est professeur d'université, on doit se démarquer du commun des motels, parce qu'on fait partie des oiseaux rares. C'est avec raison que l'un des trois professeurs absents dit : « les professeurs d'université ne sont pas des jouets entre les mains des hommes politiques ». Comme le dit François Rabelais, « science sans conscience n'est que ruine de l'âme ».

Se sentant humiliée par les effets domino de cette conscience professionnelle de ces juges, la MP a cherché à se venger en se servant de sa seconde cartouche, le pouvoir ; la première (argent) ayant échoué. D'où l'initiative de revoir à la baisse le nombre des juges de la Cour constitutionnelle à travers un projet de loi.

Sur les neuf juges qui composent la Cour constitutionnelle, cinq seulement avaient participé à la messe noire présidée par le président Benoit Lwamba. Et dans le projet de loi dont il est question, il était proposé de passer de neuf à cinq juges. C'est très tendancieux et révélateur. Bref, l'objectif poursuivi était celui de se venger contre les quatre juges très indépendants et consciencieux.[79] Même si, nous prenant pour des naïfs, le ministre de la Justice prétendait que c'était « pour plus de souplesse dans l'administration de la justice ». Quelle est cette manière d'agir de la MP ! Se servir de son pouvoir pour malmener, punir ou rendre des comptes à tous ceux qui ne parlent pas le même langage avec elle. Est-ce cela qui définit des hommes d'Etat ?

A la fin de ce deuxième chapitre, je voudrais partager, avec mes lecteurs, quelques réactions que j'ai enregistrées, en rapport avec tout ce qui vient d'être dit. Je prendrai

---

[79]Trésor KIBANGULA, « RDC : Pourquoi Joseph Kabila veut dompter la Cour constitutionnelle », dans *Jeune Afrique,* [En ligne], http:// jeuneafrique.com/politique/20171025.

aussi le soin d'y mentionner mes réponses aux questions posées.

Ayant parcouru les manuscrits de ce deuxième chapitre, un ami médecin me dit : « Monsieur l'Abbé, je ne vous croyais pas si ingrat. Comment pouvez-vous, dans vos écrits, vilipender le ministre Alexis Thambwe Mwamba qui vous avait fait sortir de la prison ? »

Ma réponse : dois-je lui jeter des fleurs pour m'avoir fait condamner injustement et m'avoir fait garder, comme otage, en prison après que j'ai bénéficié de la grâce présidentielle ? Tout au plus, je ne peux que le féliciter d'être revenu à la raison, de s'être racheté, rétracté, ravisé.

D'un autre point de vue, admettons que ma libération ait été une faveur qu'il m'aurait accordée. Est-ce pour autant que le dossier de 600 mercenaires cesse d'être un mensonge ? La présentation, à l'Assemblée nationale, d'un projet de loi non entériné par le Conseil des ministres cesse-t-elle d'être une démarche perverse ? Est-ce pour autant que les « injustement condamnés » ne remplissent plus nos prisons et qu'il n'y a plus des Congolais qui soient traqués à cause des dossiers fomentés ?

Objectivement, comment pouvais-je me permettre d'écrire sur la Justice dans mon pays sans mentionner les déclarations ou les décisions du ministre, au seul motif qu'il m'aurait fait sortir de la prison ? On ne le dira jamais assez : c'est cela notre médiocrité, nous Congolais : lorsqu'on a trouvé son compte, on inverse les valeurs ; le pathologique devient normal. C'est le cas de tous les opposants d'hier qui, ayant déjà trouvé leur place au gouvernement, applaudissent et défendent les antivaleurs qu'ils décriaient et stigmatisaient hier. Devrais-je, à leur suite, m'abstenir de faire mention de celui qui m'aurait sauvé la vie en me libérant de la prison ? Dans ce cas, mieux vaudrait alors pour moi de ne rien écrire.

Après avoir lu les brouillons des deux premiers chapitres de mon livre, un confrère prêtre, d'un diocèse voisin au nôtre, réagit en ces termes : « cher confrère, de peur que vous ne décrochiez un jour l'audience ou la rencontre que vous réclamez, la partie civile pourra s'arranger avec Monsieur Jérôme Kitoko et d'autres, pour vous jeter, une fois de plus, en prison. Je vous déconseille donc de publier cet écrit. »

Ma réponse : j'accepterai volontiers un tel martyre, pourvu que ces fossoyeurs de la Justice soient dénichés, démasqués. Ils pourront certes se servir de leur autorité ou pouvoir pour me jeter, une fois de plus en prison. J'en suis conscient. Mais ce n'est pas pour autant que je dois me taire et élider la vérité. En effet, Martin Luther King disait : « Notre vie commence à s'arrêter le jour où nous gardons le silence sur les choses graves ».

Au lieu de m'abattre ou me démoraliser, les années de prison, qu'ils m'avaient infligées et imposées injustement et de manière sadique, ne m'ont rendu que moralement et spirituellement plus fort qu'avant. De la même manière, leurs nouvelles fabulations ou machinations ne seront qu'à mon actif.

S'ils voudront bien rééditer leur scénario, je n'aurai ni l'occasion, ni l'intention, ni la prétention de les en empêcher. Toutefois, si je ne les ai pas calomniés, ils tomberont dans leur propre piège : tout en me nuisant, ils souffriront plus que moi : moralement ? Spirituellement ? Physiquement ? Aussi, je sortirai toujours de cette prison, à leur grande surprise, comme ce fut le cas avec ma libération du 27 mars 2017. Lors de leur premier forfait, il se racontait, dans certains de leurs milieux, que je serais sorti de la prison, soit mort, étendu sur une civière, soit paralysé par un AVC (Accident vasculaire cérébral) ; mais Dieu en avait décidé autrement ; mon Dieu est plus grand que mes problèmes.

Après m'avoir écouté religieusement, et comme pour me convaincre, le confrère me dit : « Tu t'exposes trop ! Ils pourront même attenter à ta vie ». Ma réponse : en mettant fin à mes jours, pour leur avoir craché la vérité, sans le savoir, ils me plébisciteront. Moi au moins je serai mort pour une cause juste et noble, celle d'avoir démasqué ceux qui tirent notre Justice vers le bas. Quel honneur ! De toutes les façons, s'ils arrivaient à m'ôter la vie, ils me rejoindront un jour dans l'autre monde. Y serons-nous comme l'homme riche et le pauvre Lazare de l'évangile (Lc 16, 19-31) ? Dieu seul sait.

Je ne cesserai jamais de le clamer : je suis un innocent persécuté, discriminé, maltraité par ceux qui usent de leur position sociale ; je ne demande qu'une seule chose, simple d'ailleurs : une rencontre ou une confrontation, devant témoins, avec la partie civile, pour jouer cartes sur table, afin que la vérité éclate au grand jour, indépendamment de ce jugement ou cet arrêt truqué et truffé d'injonctions. Que ceux qui doutent de mon innocence organisent une telle table ronde pour que les faits en eux-mêmes leur parlent et les convainquent. Mon appel pathétique s'adresse aussi à tous ceux qui militent pour la justice et les droits de l'homme : qu'ils nous aident et nous accompagnent en vue de cette rencontre. Ce sera faire justice à un innocent condamné injustement par une justice d'injonctions.

CHAPITRE III
UNE GESTION CALAMITEUSE DES MILIEUX CARCERAUX

A observer ce qui se passe dans les prisons de la République démocratique du Congo, tout homme averti serait en droit de se demander si les autorités judiciaires et pénitentiaires sont conscientes de la responsabilité qui leur incombe.

Au lieu d'être vraiment des lieux de rééducation où les condamnés prennent conscience de leurs égarements ou forfaits et décident de s'amender, nos prisons sont devenues des lieux de terreur, de culture d'antivaleurs. Il s'y érige le plus souvent la loi de la jungle. Les prisons ne remplissent plus les missions qui leur avaient été prescrites à l'origine. Pire encore, les prisonniers sont exploités ; ils vivent dans des conditions inhumaines voire infrahumaines. A quoi riment alors tous ces discours sur les droits de l'homme dont on nous bourre souvent les oreilles et martèle le cerveau ?

Le développement de ce chapitre portera, pour l'essentiel, et en grande partie, sur l'expérience que j'ai personnellement vécue lorsque j'étais en prison. Si entre-temps, après ma libération, les choses ont évolué autrement, que personne ne m'en tienne rigueur.

III.1. DES PRISONNIERS, VACHES A LAIT

Les prisonniers de Makala sont des vaches à lait dans la mesure où ils sont exploités financièrement par les gestionnaires et dirigeants de ces lieux et cela de plusieurs manières. Voici les méthodes d'arnaque par semaine et la clé de répartition des fonds récoltés :

III.1.1. Les ressources :

- Payement de loyer pour être logé à son arrivée à Makala : de 50$ à 500$. Cette pratique a élu domicile dans plusieurs prisons de la République. A Goma, par exemple, en rapport avec la prison de Munzenze, une femme explique : « Mon frère est dans une cellule spéciale. Il a payé beaucoup d'argent pour ça. Les autres vivent dans des conditions horribles. Mais pour ça, on a dû payer 150 dollars » [80].
- Collecte organisée chaque dimanche, à laquelle tous les prisonniers sont astreints : de 200Fc à 2.000Fc par prisonnier.

III.1.2. Clé de répartition :

Chacun des 16 pavillons (1A, 1B, 2A, 2B, 3A, 3B, 4A, 4B, 5A, 5B, 6A, 6B, 8A, 10A, 11A, 11B) doit verser :

- Mercredi : 5.000Fc pour le compte du gouverneur général adjoint (un prisonnier) ;
- Samedi : 7.000Fc pour le compte des policiers ;
- Lundi :
    - 10.000Fc : pour le gouverneur général (un prisonnier) ;
    - 3.000Fc : pour l'Etat-major (composé des prisonniers) ;
    - 2.000Fc : pour l'inspecteur général (un prisonnier) ;
    - 3.000Fc : pour le service social ;

[80]Anonyme, « RDC : des conditions des détentions alarmantes à la prison de Goma », dans *RFI AFRIQUE*, [En ligne], http://www.rfi.fr/afrique/20160124.

- 150.000Fc : pour la direction - certains pavillons ne versent les 150.000Fc que le 15 et le 30 du mois.

- Le solde sert à la survie du gouverneur de pavillon et de ses collaborateurs. C'est pourquoi les prisonniers corrompent pour être nommés à tout poste de responsabilité (gouverneur, gouverneur général…)

D'autre part, il y a des fonds collectés occasionnellement lorsqu'il y a panne de courant ou lorsque les toilettes sont bouchées ou une vanne cassée.

Tout en sachant que les téléphones sont prohibés aux prisonniers, les dirigeants les laissent s'en procurer et en faire usage à volonté ; mais au moment de leur choix, ils improvisent une fouille pour récupérer tous les téléphones qu'ils revendent auprès des mêmes prisonniers. Quelle exploitation des prisonniers !

A Makala, il se raconte que certaines personnes prient pour que les autorités administratives ou politiques soient incarcérées, car celles-ci paient tous les frais exigés sans difficulté.

Au nom des facilités et privilèges dont ils sont bénéficiaires, en vivant sur les dos d'autres prisonniers et leurs visiteurs qu'ils escroquent et rançonnent, certains gouverneurs et prisonniers ayant une quelconque responsabilité, après avoir purgé leurs peines, s'arrangent à rester en prison, pour continuer à « jouir » de ces avantages. C'est une vérité amère qui révolte toute bonne conscience ; mais je ne peux ni l'élider, ni l'édulcorer. Pour le même motif, certains prisonniers auraient même refusé de sortir de la prison, lors de l'évasion massive du 17 mai 2017, alors qu'ils en avaient la possibilité. Je n'encourage pas pour autant une quelconque évasion.

Les prisonniers sont aussi des vaches à lait des magistrats. Aux dires du ministre de la Justice, « de nombreuses personnes sont détenues depuis des longues années sans régularisation de leur détention et sans qu'elles ne soient non plus présentées devant la juridiction du jugement tout simplement parce que l'inculpé ou sa famille n'ont pas satisfait aux exigences pécuniaires du magistrat instructeur ou de son office »[81].

III.2. DES VISITEURS MALMENES, RANÇONNES, TRAUMATISES

Vu les tracasseries dont ils sont souvent victimes, certains visiteurs ont décidé de ne plus mettre pied à la prison. Et quand ils y sont obligés, ils s'y rendent tout en ayant la chair de poule, le cœur entre les mains. Les femmes sont fouillées au mépris de toute norme ou toute forme de pudeur et de dignité ; on leur fait même des touchers. Et tout cela, c'est pour les obliger à donner de l'argent au lieu d'être ainsi fouillées. Et pour avoir accès à la cour de la prison, les visiteurs sont obligés de payer de 200Fc à 500 Fc les jours de visite, 1000 Fc les autres jours.

Lorsqu'on y entre, on est harcelé par les prisonniers qui demandent de l'argent ; ils le font de la manière dont les mouches se ruent sur une viande pourrie. Les tracasseries de ces jeunes sont presque « autorisées » parce que leurs chefs (gouverneurs), prisonniers aussi, savent qu'ils doivent leur faire le rapport à la fin de la semaine en versant le montant convenu.

Il y a aussi de l'escroquerie : il faut payer, aux contrôleurs, pour faire entrer une boîte de sardines parce que, disent-ils, la boîte a la potentialité de devenir une arme blanche. Il en est de même pour faire entrer de

---

[81] Alexis THAMBWE MWAMBA, cité par Pascal Mulegwa, « RDC : Kinshasa dresse un tableau sombre d'une justice « infectée par plusieurs maux », dans *AA, [*En ligne*],* http://www.aa.com.tr.

l'argent. Un ami qui venait me voir m'avait préparé 100$ dans sa gibecière. En le fouillant, le contrôleur découvrit l'argent ; il exigea de lui laisser 50 $. A ces mots, mon visiteur refusa d'obtempérer et repartit chez lui. Il m'envoya, après, les 100$ par M-pesa. C'est dans ce sens que Monsieur Timothée Bikwiza, chargé d'enquête de la VSV déplore « le rançonnement des visiteurs qui viennent assister leurs proches détenus à la prison centrale de Makala »[82].

III.3. UNE PROMISCUITE SANS PAREIL

La prison de Makala avait initialement été construite pour héberger 1500 prisonniers, mais elle comptait 8000 détenus, au moment où j'y étais. Selon le président du CICR, Monsieur Peter Maurer, la surpopulation carcérale varie entre 200 et 725%.[83]

Les prisons sont vraiment archicombles, n'en déplaise au ministre de la Justice qui pensait le contraire. En effet, après l'évasion qui avait eu lieu à Makala, prenant la parole devant la Représentation nationale, le 19 mai 2017, le ministre soutenait que nos prisons ne sont pas surpeuplées, comparant notre situation à celle de la France en considérant le rapport entre la population et le nombre de prisonniers, pour chacun de deux pays. Le contredisant, le député Thomas Lokondo avait, à la suite, éclairé l'opinion en montrant que le surpeuplement ne se comprend qu'en considérant la capacité d'accueil de nos prisons.

---

[82]Timothée BIKWIZA, cité par Anonyme, « Kinshasa : le VSV dénonce le rançonnement des visiteurs à la prison de Makala », dans *RADIO OKAPI*, [En ligne], http://www.radiookapi.net/actualité/2015/05/11.

[83]Trésor KIBANGULA, « Prisons en RDC : des conditions de détention jugées « catastrophiques » » par le CICR », dans *Jeune Afrique,* [En ligne], http://www.jeuneafrique.com/171100/politique.

Par la suite, j'avais failli tomber en syncope en entendant, cinq mois après, le même ministre confirmer, devant les membres du Conseil supérieur de la magistrature, le surpeuplement qu'il avait réfuté devant l'Assemblée nationale. Je n'en croyais pas mes oreilles. Je me disais en moi-même : « a-t-il changé de schèmes de pensées ? ».

Il y en a qui l'avaient taxé de versatile. Quant à moi, après analyses, je suis arrivé à la conclusion suivante : convaincu par la mise au point faite par l'honorable Thomas Lokondo, le 19 mai 2017, le ministre était, consciemment, contraint de changer de point de vue en acceptant dorénavant le surpeuplement de nos prisons. Bravo à l'élu de Equateur, pour avoir été à l'école de Cicéron.

Après tout, à quoi riment toutes ces contradictions ? A qui profitent-elles ? Sûrement, pas à la MP ; c'est d'ailleurs à son passif, car cela lui jette de l'opprobre. On a l'impression qu'il y en a qui, sans le savoir peut-être, scient l'arbre sur lequel ils sont assis. Le moment venu, point ne sera besoin de chercher le sorcier ailleurs ; ils n'auront qu'à s'en prendre à eux-mêmes.

Quand j'étais à Makala, j'avais personnellement vu comment les prisonniers s'entassaient, comme dans une boîte de sardines. Dans ces conditions, ils se transmettent facilement des maladies contagieuses telles la tuberculose, les mycoses, etc.

Par ailleurs, la promiscuité est criminogène, dit-on. Dans cette promiscuité, certains prisonniers s'adonnent à des pratiques non recommandables, la sodomie, par exemple, qui est une pratique de coït anal.

III.4. DES TORTURES ET TRAITEMENTS INHUMAINS ET DEGRADANTS

La torture et les traitements inhumains dégradants qui se vivent à Makala sont une conséquence de la logique selon laquelle l'argent doit, coûte que coûte, être payé, tellement que les bénéficiaires y attachent de l'importance, en foulant aux pieds la dignité de la personne humaine.

Ainsi, à Makala, ceux qui ne payent pas les « frais de loyer » dès leur arrivée sont soumis à ce que les prisonniers appellent ordinairement et communément « KOROVE » ; ce mot est une déformation du terme français corvée. Ils sont ainsi obligés de vider manuellement les fosses septiques sans aucune protection ; et cela peut aller jusqu'à 45 jours, tant qu'on ne s'acquitte pas de cette obligation.

Ils peuvent se défendre en disant qu'il s'agit là des travaux forcés auxquels doivent être soumis les prisonniers selon la loi. Mais comment les y soumettre au moment où ils ne sont pas encore condamnés ? Ils ne sont que prévenus ; peut-être seront-ils acquittés. Aussi, quels types de travaux forcés ne respectant pas la dignité de la personne humaine ?

A Kindu par contre, comme il n'y a pas de fosses septiques à vider, les insolvables étaient régulièrement fouettés, bastonnés. C'est vraiment de la torture. Lorsque j'y étais, je m'étais catégoriquement opposé à cette pratique, au risque d'y laisser ma peau. Je considérais que je ne devais pas garder un silence coupable et complice devant de telles atrocités.

Un jour, étant encore au lit, j'étais réveillé par les cris de douleur de ceux qui recevaient leur « petit déjeuner » de bastonnade. Je m'étais alors interposé entre les victimes et leurs bourreaux. Et comme pour me défier, le gouverneur de la prison, un prisonnier du reste, avait ordonné à ses hommes de mettre aussi la main sur moi. Heureusement qu'ils n'avaient pas pu le faire, car une telle action lui octroierait encore plus de pouvoir et lui permettrait de faire régner davantage la terreur au milieu des prisonniers.

Toutes ces tergiversations m'avaient poussé à écrire officiellement aux autorités judiciaires et pénitentiaires pour les en informer[84] ; même si je savais très bien qu'elles faisaient la politique de l'autruche. Secouées par ma correspondance, elles furent obligées de réagir;[85] et démirent le gouverneur des prisonniers qui finit par s'évader parce qu'il lui était difficile de tenir en prison sans cette casquette, craignant la vengeance de ceux qu'il maltraitait.

Parlant de la torture dans la prison de Bunia, Gilbert Tandya, coordonnateur de l'ONG "Centre Pélican" dit : « il s'est dégagé onze cas de tortures sur vingt-cinq dont huit physiques et deux morales. Ce sont des policiers, des militaires et les officiers du ministère public qui infligent des violences à l'endroit des détenus pour qu'ils obtiennent d'eux des aveux, aussi dans le but de leur soutirer de l'argent »[86]. Et selon Monsieur Pierre Esanganya, à la prison centrale de Kisangani, on a trouvé « une personne ligotée, jetée en plein air, saignant »[87].

---

[84] Annexe n°7

[85] Annexe n°8

[86] Gilbert TANDYA, cité par Anonyme, « Ituri : 44% de détenus de la prison de Bunia subissent des tortures, selon une ONG », dans *RADIOOKAPI*, [En ligne], http://www.radiookapi.net/actualité/2015/06/27.

[87] Pierre ESANGANYA, cité par Anonyme, « Droit de l'homme : la torture persiste en RDC », dans *RADIO OKAPI*, [En ligne], https://www.radiookapi.net/sans-categorie 2008/06.

III.5. UN REPAS DE MISERE OU UN JEÛNE FORCE

La République, à travers le ministère de la Justice, fait mensuellement des dotations en vivres, principalement le riz, le haricot, la farine de maïs, le maïs en graine, l'huile végétale, le sucre, le sel et autres, à la prison centrale de Makala. Il suffit d'être à l'entrée de la prison le jour de l'arrivée des cargaisons, pour s'en rendre compte.

Mais quand on s'approche de l'assiette du prisonnier, on est étonné, voire scandalisé par la manière dont il est servi. On lui sert régulièrement le « vunguré », le haricot mélangé aux graines de maïs, dont la cuisson laisse à désirer et n'appelle aucun appétit étant donné les odeurs nauséabondes (odeur de fumée, de fut, du pétrole) qu'il diffuse. Que dire du sable et des cailloux qu'on y rencontre ! La quantité est tellement insignifiante qu'on peut compter les quelques graines qui composent ce repas journalier : 30, 35 ou 40. Et le reste de la ration disparaît et prend une direction inconnue. Selon certains prisonniers qui travaillent au dépôt et à la cuisine, la direction vendrait une partie de leur ration. On parle même d'un marché de Lufu, en référence à une agglomération située à la frontière RDC-Angola, où s'organise un grand marché à prix abordables, qui aurait élu domicile aux environs de la prison de Makala.

En province, c'est pire. Certaines prisons passent des mois sans bénéficier des dotations de l'Etat congolais. Dans ces conditions, les prisonniers vivent le jeûne forcé et certains en meurent. En parlant de 22 personnes mortes en détention, en l'espace de 10 jours, dans la prison de Mbanza-Ngungu, soit entre le 5 et le 15 juillet 2015, la fondation Bill Clinton pour la paix estime que « la malnutrition serait la cause principale de ces nombreux décès »[88]. Dans ce contexte, « pour alerter les autorités, la direction du centre pénitencier [de Kabare] a exposé lundi 11 septembre [2017], devant son établissement, une vingtaine de prisonniers mourants »[89].

III. 6. UN CENTRE HOSPITALIER OU UN MOUROIR ?

Pour assurer aux prisonniers les soins de santé, il y a, à Makala, un centre hospitalier. Mais cette structure médicale est un parent pauvre ; il est dépourvu de moyens adéquats pour accomplir sa mission : manque de médicaments...[90] La plaie de Monsieur Mwanda par exemple est restée sans pansement pendant trois jours, par manque de sparadrap, avec tous les risques d'infection que cela comporte. Il avait fallu un bienfaiteur venu de l'extérieur pour lui en procurer. Moi-même, pour la goutte épaisse, j'étais obligé de commander une seringue à l'extérieur. Quand les médecins prescrivent des ordonnances aux prisonniers, ceux-ci vivent des cauchemars : où trouver les médicaments ?

Quand l'état de santé nécessite un transfert vers une formation médicale spécialisée, les concernés ne savent à quel saint se vouer ; c'est le début d'un autre calvaire : il faut soi-même payer les soins médicaux, le transport, les policiers commis à sa garde ; et lorsque tous ces moyens financiers font défaut, on attend impuissamment sa mort.

---

[88]Anonyme, « Prisons en RD Congo : des conditions de détention infrahumaines», dans *RFI Afrique*, [En ligne] http://www.rfi.fr/afrique/20150719.

[89]Anonyme, « Une prison congolaise expose en pleine rue ses détenus mourants de faim », dans *France 24. Les observateurs*,[En ligne], http://observers.france 24.com/fr/20170914.

[90] Patrick MONKONGO, « Les détenus de la prison de Makala déplorent leurs conditions de vie », dans *SPEAK,* [En ligne] http://speakjhr.com/2016/02.

Les transferts se font, à 90%, à l'hôpital du Sanatorium ; mais, dans quelle condition les prisonniers y sont-ils hébergés ? Je m'étais personnellement fait le devoir, après ma libération, d'aller rendre visite à Mundele Soleil qui y était hospitalisé. C'était le jeudi 18 mai 2017, une date qui ne s'effacera jamais de ma mémoire, car ce que j'avais vu et vécu dans cet hôpital est indicible.

Au Sanatorium, le quatrième niveau de l'immeuble est réservé aux prisonniers. Considérant l'odeur nauséabonde qui s'en dégage, il faut s'armer de courage et d'abnégation pour entrer dans le pavillon. C'est là que Mundele Soleil était allongé sur un matelas puant, qui le rendrait de plus en plus malade.

Rien de tout cela, me semble-t-il, n'échappe à la connaissance des autorités judiciaires et pénitentiaires qui restent insensibles. Elles devraient avoir, sans exagérer, des cœurs de pierre et non de chair. Mais, sans froid aux yeux, de leurs bureaux huppés et climatisés, ils continuent à discourir sur les droits de l'homme, la dignité de la personne humaine, etc.

III. 7. DES DETENTIONS IRREGULIERES AUX CONSEQUENCES DESASTREUSES

Sous cette rubrique, nous mettons l'accent sur les cas des acquittés toujours en détention ; des prévenus qui restent détenus pendant des années sans comparaître ; des condamnés qui, ayant déjà purgé leurs peines, ne sont pas libérés. Notre source d'information est le greffe de la prison centrale de Makala.

III.7.1. Des acquittés toujours maintenus en détention

- Monsieur Kanakudia Walelu
    - Date d'arrestation : le 10/09/2013

- Prévention : extorsion
- Juridiction : TGI/Gombe
- R.P. : 22.243

Observation : acquitté par le jugement du 30/01/2014. A la date de nos investigations, le 27/07/2016, il était encore détenu à Makala.

- Monsieur Kolondoka Bodako
    - Date d'arrestation : le 25/11/2012
    - Prévention : vol qualifié
    - Juridiction : TGI/Matete
    - R.P. 28.044

  Observation : acquitté par le jugement de 2013. A la date de nos investigations, le 27/07/2016, il était encore détenu à Makala.

III.7.2. Des éternels prévenus en détention :

- Monsieur Ilopo Bolikia
    - Date d'arrestation : le 13/11/2011
    - Prévention : vol simple
    - Juridiction : T.P./Matete
    - R.P.= 26.982

  Observation : 5 ans sans être jugé.

- Monsieur Kapoke Marcel
    - Date d'arrestation : le 25/10/2003
    - Prévention : assassinat
    - Juridiction : Haute Cour militaire
    - RMP : 0082/NBT/03

  Observation : libéré en 2013, sans être jugé, après 10 ans de détention illégale.

- Monsieur Bagbo Madizene
    - Date d'arrestation : 05/03/2003
    - Prévention : ?
    - Juridiction : PGI/Matété
    - RMP ?

  Observation : 13 ans sans être jugé et dossier sans trace.

- Monsieur Lohata Ngoya
    - Date d'arrestation : le 07/04/2002
    - Prévention : ?
    - Juridiction : Garnison de Ngaliema
    - RMP : 9099/LG/2002

  Observation : en appel depuis le 19/09/2003.

III.7.3. Des condamnés ayant purgé leurs peines

- Monsieur Kishoko Emmanuel
    - Date d'arrestation : le 27/12/2010
    - Prévention : vol
    - Juridiction : TGI/Gombe
    - RP 20974

  Observation : condamné à 9 mois de SPP, libéré le 04/08/2016. D'où un dépassement de 5 ans.

- Monsieur Bipendo Mweny
    - Date d'arrestation : le 08/12/2010
    - Prévention : vol qualifié
    - RP 20.297
    - Juridiction : TGI/Gombe

  Observation : condamné à 2 ans de SPP par le jugement du 28/12/2014, il aurait pu être libéré dès le jour du prononcé ; d'où un dépassement de

22 mois, à la date de nos investigations, le19/09/2016. Finalement libéré le 08/10/2016.

- Monsieur Lukusa Mukumbay
    - Date d'arrestation : le 11/07/2013
    - Prévention : escroquerie
    - R.P. 99.499
    - Juridiction : TP/ Ngaliema

  Observation : condamné à 6 mois de SPP par le jugement du 27/01/2014 ; d'où un dépassement de 32 mois à la date de nos investigations, le19/09/2016.

III. 8. LA PRISON, UN CENTRE DE REEDUCATION OU UN CENTRE DE RADICALISATION ?

La grande prison de Makala est communément appelée Centre pénitentiaire de rééducation de Kinshasa, CPRK en sigle. Mais au vu de ce qui s'y passe, il y a lieu de se demander si réellement cette prison est encore un centre de rééducation.

Comment les prisonniers peuvent-ils s'amender au moment où indirectement ou officiellement, ils sont poussés ou il leur est permis de rançonner les visiteurs ? Comment le seront-ils lorsqu'ils sont poussés à se maltraiter entre eux ? Pire, lorsqu'ils sont exploités par ceux-là même qui devaient leur servir de modèles ?

Ayant baigné dans une telle ambiance, certains sortent de la prison pires qu'ils n'y étaient entrés. C'est pourquoi je me permets de parler plutôt d'un centre de radicalisation. C'est dans ce contexte qu'il faut aussi, d'une certaine manière, comprendre le récidivisme de certaines personnes qui sortent de ce « centre de radicalisation ».

CHAPITRE IV
PERSPECTIVES POUR UNE VRAIE JUSTICE

Les choses étant ce qu'elles sont aujourd'hui, nous devons tous, consciencieusement, nous engager pour lutter contre toutes les pesanteurs qui empêchent notre Justice de jouer pleinement son rôle ; sinon, ce serait une démission, et les générations futures nous jugeront très sévèrement.

Il importe ainsi que chacun mette la main dans la patte, apportant ainsi sa pierre à la construction de l'édifice "Justice", afin que celle-ci puisse revêtir sa belle robe. En voici quelques pistes de solution:

IV.1. L'INDEPENDANCE DE LA JUSTICE

L'indépendance du pouvoir judiciaire, par rapport aux deux autres pouvoirs, est consacrée par la Constitution de notre pays en son article 151 : « Le pouvoir exécutif ne peut donner d'injonction au juge dans l'exercice de sa juridiction, ni statuer sur les différends, ni entraver le cours de la justice, ni s'opposer a l'exécution d'une décision de Justice. Le pouvoir législatif ne peut ni statuer sur des différends juridictionnels, ni modifier une décision de Justice, ni s'opposer à son exécution ». Mais, comme le dit Nsungu Seke, « dans la pratique, en RDC, le pouvoir exécutif domine les deux autres pouvoirs qui ne sont devenus que des canaux par lesquels il concrétise et légitime ses décisions. En RDC, les pouvoirs législatif et judiciaire sont devenus de simples marionnettes du régime en place. »[91]

En République démocratique du Congo, la Justice est quelque peu inféodée au régime en place et devient, dans

---

[91]NSUNGU SEKE, « RDC : quelle indépendance de la justice ? », dans *Habari RDC*, ⌊En ligne⌋, http://habarirdc.net.

ce sens, sa caisse de résonnance. Cela fait que certains compatriotes n'aient plus confiance en la justice.

La Justice est appelée à se libérer du pouvoir exécutif en devenant de plus en plus consciente de son indépendance. Elle pourra alors dire le droit sans se référer aux considérations, aux humeurs ou aux desiderata de qui que soit.

Cela suppose qu'on ait, à la tête de la Justice, des hommes épris d'un certain idéal, des hommes d'une forte personnalité et d'une moralité éprouvée, qui ne se laisseront pas intimider par X ou Y afin de faire leur volonté.

Mais comment avoir un tel type d'hommes à la tête de la Justice au moment où ils sont encore cooptés et nommés par ceux-là mêmes qui veulent les mettre dans leurs poches ? Que faire pour que les promus ne se sentent aucunement redevables à certaines personnes qui les nomment ? Quels garde-fous prendre pour atteindre cet objectif ? La question reste ouverte.

Il apparaît donc clairement que l'exécutif doit, objectivement et sagement, jouer sa partition. Conscients du fait que la justice élève une nation, nos politiciens sont appelés, à tous les niveaux, à œuvrer pour son indépendance, sans s'y immiscer ou y faire obstruction. Cela ne pourra être possible qu'avec des politiciens qui, étant grands d'esprit, priorisent la nation plutôt que leurs intérêts personnels.

Mais comment y arrivera-t-on lorsque la main de l'exécutif est perceptible partout ? Lors de l'émission *Dialogue entre Congolais* du 16 avril 2018, le professeur Jacques Ndjoli a déploré le « glissement », l'« intrusion » du pouvoir exécutif ou du ministre de la Justice, dans la préparation et la rédaction des dernières ordonnances du 14 avril 2018, en rapport avec la magistrature. Tout cela se serait fait dans le non-respect de l'article 152 de la

Constitution qui stipule : « Le Conseil supérieur de la magistrature est l'organe de gestion du pouvoir judiciaire [...] il élabore les propositions de nomination, de promotion et de révocation des magistrats». Le ministre de la Justice semble avoir volé la vedette au Conseil supérieur de la magistrature. Dans ce contexte, il est clair que, pour arriver à une indépendance effective de la Justice, la route est encore longue.

Et lorsqu'on s'improvise en expert, par usurpation, à faire un travail qui n'est pas sien, les résultats en souffrent toujours ; ils sont quelque peu bâclés. C'est le cas des ratés, de ces ordonnances, décriés lors de l'émission susmentionnée.

IV. 2. LE CHOIX JUDICIEUX DES AUTORITES JUDICIAIRES

C'est dans le cadre des nominations des responsables judiciaires qu'il faut faire un choix judicieux, en excluant toutes les personnes dont la corruption, le clientélisme et le tribalisme sont inscrits dans leurs ADN ou leurs chromosomes.

En effet, il faudra des chefs qui prêchent par l'exemple. Il est impossible que Monsieur X qui donne aux juges des injonctions contraires à la pratique du droit puisse interpeler ces derniers. Un responsable, même grand orateur de la trempe de Cicéron, prêcherait au désert si ses subalternes ou collaborateurs savent pertinemment bien que son verbe ne correspond pas à ses actes. C'est pourquoi le Pape Paul IV disait : « L'homme contemporain écoute plus volontiers les témoins que les maîtres ou s'il écoute les maîtres, c'est parce qu'ils sont des témoins »[92].

[92]PAUL VI, op.cit, n°41.

Pour que son discours soit audible et crédible, l'autorité judiciaire doit être le premier à pratiquer ce qu'il déclare ou annonce ; autrement, il ne serait qu'un acteur de théâtre qui incarne, seulement sur scène, un rôle qui ne correspond pas à sa vraie identité.

La manière dont Messieurs Jérôme Kitoko Kimpele et Flory Kabange Numbi tirent notre Justice vers le bas n'est plus à démontrer. Leur reconduction ou nomination comme, respectivement, Premier président de la Cour de cassation et Procureur général près cette Cour, par les ordonnances n° 18/046 et 18/047 du 11 juin 2018, nous a fait comprendre davantage ceci : dans la Justice congolaise, la loyauté ou le mérite des hauts magistrats ne se définit pas par rapport à leur dextérité ou leur intransigeance dans l'application et la défense de la Constitution et des lois de la République, mais plutôt en fonction des services rendus au chef de l'Etat et à sa famille politique, même en tripatouillant ou en torpillant la même Justice. Lorsqu'on sert les intérêts de la MP, de quelque manière que ce soit, on est maintenu à son poste *ad vitam aeternam* ; on est inamovible.

IV. 3. L'ENCADREMENT DES MAGISTRATS ET DES AVOCATS

L'encadrement dont il est question se situe d'une part au niveau de la formation continue des magistrats et des avocats à travers des séminaires, sessions ou ateliers organisés à leur intention en vue d'un certain aggiornamento. Nous saluons, en passant, la construction, par le ministère de la Justice, de l'Ecole de formation des agents d'ordre judiciaire. Nous espérons que cette institution jouera le rôle qui lui a été assigné, de peur d'être un folklore ou un éléphant blanc de plus. Dans le même cadre, il y a lieu d'organiser des échanges ou partages d'expériences avec les avocats ou magistrats d'autres pays du continent africain ou du globe.

D'autre part, l'Etat veillera à ce que les magistrats touchent un salaire décent ; ce qui les épargnera de toute tentation de corruption, pour qu'ils disent le droit. Selon la source judiciaire de Jean-Bosco Kongolo, « hormis ceux de la Cour constitutionnelle qui toucheraient plus de 10.000 dollars et les chefs de hautes Cours (y compris les parquets y rattachés), aucun magistrat congolais ne touche plus de 2.000 dollars. En d'autres termes, le magistrat congolais est moins payé qu'un conseiller d'un ministre provincial »[93].

IV.4. L'INSPECTION OU LE CONTROLE

Beaucoup de magistrats ont fait de la profession leur affaire personnelle ; ils agissent à leur guise, selon ce qui leur convient, sans aucun souci de la justice à rendre ou à promouvoir. Ils en font à leur tête ; il y en a qui se prennent pour des « maîtres après Dieu ».

Dans un tel environnement, il est important d'ériger des garde-fous afin de les maintenir sur la bonne voie. C'est ici que l'inspection ou le contrôle trouve sa place. Une telle structure ne sera pas conduite par des hommes commandés par les égos ou les sentiments ; elle ne sera pas non plus un terrain de clientélisme, de chantage ou de règlement des comptes. Elle doit œuvrer dans la droiture et l'objectivité pour atteindre son objectif.

Il conviendra donc de mettre un accent particulier sur des structures telles que : l'inspection générale des services judiciaires, l'inspection des cachots et prisons par le parquet, l'inspection de la hiérarchie sur les juridictions et parquets inférieurs.

[93]Jean-Bosco KONGOLO, art.cit.

IV. 5. LES SANCTIONS

Les contrôles doivent déboucher sur les sanctions. Quand on parle de sanctions, le commun des mortels ne pense qu'aux sanctions négatives, c'est-à-dire les punitions. Mais il existe aussi des sanctions positives, comprises comme récompenses, encouragements qui découlent d'une bonne conduite du bénéficiaire.

Les magistrats qui se distinguent par leur « dire le droit » doivent être encouragés à travers les promotions, au lieu de promouvoir des médiocres par complaisance. Cette façon de faire deviendra une émulation dans la profession, dans la mesure où tout se fait de manière objective, sans discrimination liée au sexe, à l'appartenance provinciale ou tribale.

Par contre, les magistrats qui sacrifient le droit et la justice au profit de leurs intérêts égoïstes doivent être frappés des sanctions négatives : pas d'avancement en grade, voire la révocation.

IV. 6. RÔLE DE LA CNDH ET DES AUTRES STRUCTURES OU INSTITUTIONS DES DROITS DE L'HOMME

Se démarquant d'autres institutions d'appui à la démocratie qui sont, de l'avis d'un grand nombre, dans la poche du pouvoir en place, la CNDH semble jouer correctement son rôle. J'ai été personnellement bénéficiaire de ses services. Ils étaient intervenus avec acuité pour le dénouement de mon dossier, s'insurgeant courageusement contre certaines velléités.

Ils doivent continuer dans la même lancée, malgré toutes les tergiversations et les intimidations qui voudraient les tirer vers le bas. A l'action de la CNDH s'ajoute celle des autres ONG des droits de l'homme, qu'elles soient nationales ou internationales. Le bureau conjoint des Nations-Unies pour les droits de l'homme fait un travail de titan, surtout dans les dossiers politiques. L'engagement de l'ACAJ, l'ASADHO et autres ONG locales est incontestable.

N'en déplaise à Monsieur Bitakwira qui, ministre et député national de son état, avait déclaré, après l'élection de la RDC au Conseil de droits de l'homme de l'ONU, qu'il fallait dissoudre toutes les ONG nationales des droits de l'homme parce que, d'après lui, celles-ci s'opposaient à la candidature de notre pays. Sincèrement, j'ai eu honte à la place du « fils de sa grand-mère ». « Fils de sa grand-mère », c'est comme cela que les Congolais appellent dorénavant l'élu de Fizi, en référence à ses intempestives évocations incantatoires de sa grand-mère dans ses discours.

En quoi le Président Joseph Kabila a-t-il changé pour que Bitakwira, qui le diabolisait hier, puisse aujourd'hui se métamorphoser en son avocat, en plaidant pour sa canonisation ? Cela ne peut s'expliquer que par ce que le journaliste Daniel Safu appelle « ventrologie », la philosophie ou la politique du ventre. Ayant goûté au bifteck de la mangeoire, l'honorable député change de camp et de discours, dans toute son honorabilité.

Les choses étant ce qu'elles sont, il n'a pas de choix ; il a tout intérêt à être jusqu'au-boutiste, dans la mesure où il ne pourra plus jamais être accepté dans les rangs de l'opposition ; même sa grand-mère, là où elle est, le sait pertinemment bien. Même s'il s'entêtait pour s'autoproclamer opposant, personne ne le croira, sa grand-mère la première. Il a déjà choisi son camp. J'espère qu'il ne le regrettera jamais.

A côté de ces ONG des droits de l'homme, il faut aussi mentionner le rôle que joue, à la prison de Makala, la Commission justice et paix de l'aumônerie catholique.

Elle aide beaucoup de prisonniers à faire évoluer leurs dossiers, à faire arriver leurs réquisitions, etc.

IV.7. LA FORMATION PROFESSIONNELLE

Loin d'être uniquement répressif, le rôle de la Justice doit aussi être préventif. Elle doit prévenir la commission des infractions. Il est vrai que beaucoup de jeunes bandits, communément appelés « kuluna », le sont du fait de leur chômage. Pour qu'ils ne retombent pas dans la même tentation après leur libération, il est important d'organiser, en prison, une formation professionnelle. Celle-ci leur permettra de gagner dignement leur vie après leur sortie de la prison.

Aussi, pendant le moment de leur incarcération, cette formation les sortira de l'oisiveté dans laquelle ils sont présentement installés. L'oisiveté est la mère des vices, dit-on. Par ailleurs, tout ce qui sera fabriqué pendant la formation servira à l'autofinancement de la prison et pourra être une source de revenus aux prévenus qui traversent souvent une période de vache maigre.

IV. 8. L'HUMANISATION DES CONDITIONS DE VIE EN MILIEUX CARCERAUX

Les prisonniers sont maintenus dans des conditions infrahumaines ; ils y vivent comme des animaux. En effet, tout observateur altruiste doit s'en apercevoir. Humaniser les conditions de vie dans les milieux carcéraux conduit à respecter la dignité de la personne humaine parce que ceux qui y vivent ne sont pas des sous-hommes. Cela passe forcément par l'amélioration des conditions d'hébergement, de la restauration, des soins médicaux… Aussi, faudrait-il mettre fin à toutes les pratiques avilissantes : tortures, travaux déshumanisants…

Pour y arriver, la direction des services pénitentiaires, du secrétariat général de la Justice doit correctement faire son travail pour empêcher les gardiens de prison de se comporter comme des roitelets n'ayant de comptes à rendre à personne. Mais comment le fera-t-elle si elle se laisse corrompre par les mêmes gardiens ? A Makala, par exemple, il se raconte qu'une partie des vivres, initialement destinés aux prisonniers, est souvent détournée et vendue avec l'aval ou la complicité de ladite direction ; car, in fine, ils se partagent le butin.

CHAPITRE V
MEDITATION PERSONNELLE : ATTITUDES D'UNE VICTIME D'INJUSTICE

Lorsqu'on est victime d'injustice, quelle attitude adopter ? Il est important de se poser une telle question, car il en va de l'intérêt de l'innocent persécuté. Le comportement d'une victime peut lui être dévastateur ou avantageux selon qu'il se comporte de telle ou telle manière.

Je veux ainsi partager, avec mes lecteurs, ma méditation à ce sujet, en proposant une certaine ligne de conduite qui n'est aucunement un catéchisme, ni une parole d'évangile.

V.1 AVOIR UNE CONFIANCE INEBRANLABLE EN DIEU

Lorsqu'on traverse des moments difficiles, surtout quand on est innocent, on risque de penser que Dieu nous a tourné le dos, il nous a abandonnés. Dieu est le père aimant qui ne peut jamais fermer ses yeux devant nos souffrances, ni ses oreilles à nos appels. Il est donc absurde de douter de la sollicitude de Dieu pour ses enfants que nous sommes.

Quoi qu'il nous arrive, l'important est de continuer à compter sur le Seigneur, même après une condamnation injuste, en nous remettant quotidiennement entre ses mains paternelles, dans la prière. Ce Dieu qui est le même hier, aujourd'hui et demain, ce Dieu qui ne change pas est capable d'accomplir, aujourd'hui, en notre faveur des merveilles qu'il fit jadis pour le peuple d'Israël, Joseph, les apôtres et d'autres. Il est le maître des circonstances et des temps, le maître de l'impossible : il est capable d'accomplir ce qui est impossible aux yeux des hommes. Il continue à nous donner la promesse du salut : « C'est moi, c'est moi qui vous console. Qui es-tu, pour avoir peur de l'homme mortel ? » (Is. 51, 12).

Dans ce même cadre, ceux qui reconnaissent la Vierge Marie comme leur mère se remettront aussi sans hésitation entre les mains maternelles de la mère du ciel à travers la prière du rosaire et l'une ou l'autre neuvaine dédiée à Marie. Je pense particulièrement à la neuvaine à « Marie qui défait les nœuds », une neuvaine qui a déjà fait ses preuves à travers l'histoire de l'Eglise.

En priant notre mère, nous aurons à l'esprit la situation qui nous préoccupe. A partir par exemple du deuxième mystère lumineux, où Jésus change l'eau en vin, nous pourrons avoir cette intention de prière : que, par l'intercession de la vierge Marie, Jésus-Christ trouve une solution à notre problème comme il le fit aux noces de Cana ; qu'il transforme notre peine en joie, comme il avait transformé l'eau en vin. Et quand on se remet entre les mains de la vierge Marie, on y est comme un bébé qui, étant entre les bras de sa mère, se sent en sécurité, protégé de toute adversité qui proviendrait de son entourage immédiat ou lointain.

La confiance en Dieu doit être inébranlable : sans chercher son salut dans d'autres dieux. Il est vrai que dans des situations difficiles, de faux dieux se présentent à nous ; connaissant nos besoins, ils nous proposent ainsi des solutions rapides, loin de Dieu et sans Dieu. Parfois, d'autres faux dieux nous sont proposés par nos proches qui, désespérés, trouvent mieux d'utiliser n'importe quel moyen, pourvu qu'une solution soit trouvée ; il y en a qui disent même que Dieu agit en retard, après beaucoup d'années, alors qu'avec les autres dieux (féticheurs, charlatans, marabouts, etc.), c'est du tic au tac. Cette confiance en Dieu permet à la victime d'injustice d'être apaisée. Il est vrai qu'une telle attitude sera source de plusieurs interprétations de l'entourage qui ne comprendra pas comment un homme peut vivre paisiblement dans une telle traversée du désert. La force ne lui vient que de cette foi en ce Dieu qui n'abandonne jamais ses enfants.

Aussi, Dieu ne nous libérera pas forcément de la manière dont nous attendons le salut. Il nous dit toujours : « mes pensées ne sont pas vos pensées » (Is 55, 8). Il pourra nous sauver par une voie que nous n'avons jamais imaginée, ni soupçonnée. C'est la souveraineté de Dieu. Il faut donc être patient, dans cette attente du temps de Dieu.

Personnellement, je suis très heureux d'avoir été libéré le 27 mars 2017, car un jour avant cette date ne serait pas profitable pour moi ; je sais de quoi je parle. D'ailleurs, la décision de ma libération était prise le samedi 25 mars 2017, jour d'une fête mariale (annonciation) ; le samedi étant aussi un jour dédié à la vierge Marie. C'est très significatif pour moi ; une fois de plus, je sais de quoi je parle.

Tout cela étant, à partir des lettres qui composent mon prénom et mon nom (Richard ISUNGU), je me permets de dire :

Rien ne peut
Intimider ni faire
Chanceler un
Homme qui,
Ayant une foi inébranlable,
Reconnaît la sollicitude de
Dieu pour ses enfants.

Injustices et
Subterfuges
Utilisés par les hommes
Ne peuvent aucunement
Gâter l'existence à
Un fils de la vierge Marie.

V.2. SAVOIR LIRE LES SIGNES DES TEMPS : DESCELLER, SCULPTER LE MESSAGE

Quoiqu'on soit victime d'une injustice, il importe de lire les événements avec les yeux de la foi, en cherchant à desceller le message que le Seigneur vous adresse. Dieu écrit droit avec des lignes courbes, dit-on. Pour y arriver, il faut forcément passer par l'introspection et l'examen de conscience dans lesquels on se met à nu ou on se dévoile devant son Dieu et sa conscience.

Dans certaines circonstances, on comprendra peut-être que Dieu veut attirer notre attention, nous invitant à nous attacher plus à lui qu'aux hommes ; peut-être qu'à un moment de notre vie, nous étions tentés de plus privilégier nos relations avec les hommes, grands de ce monde soient-ils, qu'avec Dieu ; surtout quand ces hommes seraient à la base de notre calvaire. La Bible révèle : Le Seigneur dit : « Maudit l'homme qui se confie dans l'homme. Béni soit l'homme qui se confie dans l'Eternel et dont l'Eternel est l'espérance » (Jr. 17, 5. 7). Toutefois, un tel message ne doit pas nous inciter ou nous pousser à nous méfier de l'homme en général.

V.3. MINIMISER SA PROPRE SOUFFRANCE

Le plus souvent, on se tracasse indéfiniment parce qu'on n'a les yeux rivés que sur sa propre situation, sa propre misère. Car « nous avons tous la prétention de souffrir beaucoup plus que les autres », nous dit Honoré de Balzac. Il suffit d'ouvrir les mêmes yeux autour de soi pour se rendre compte qu'il y en a qui sont plus en difficulté que soi-même.

Une telle prise de conscience nous poussera à minimiser notre propre souffrance, à comprendre que nous ne sommes pas les plus malheureux sur cette terre des hommes. Il y en a qui peinent plus que nous. Au nom de notre foi, nous devons arriver à oublier notre propre misère pour nous occuper de nos frères, des autres, qui souffrent plus que nous.

Dans la situation difficile de précarité, le peu avec lequel les hommes de bonne volonté nous viennent en aide, nous devons le partager avec d'autres frères et sœurs, même si cela ne suffit pas pour satisfaire nos propres besoins.

Notre chemin de croix se transformera en une occasion en or de vivre l'évangile : « j'ai eu faim, et vous m'avez donné à manger… » (Mt 25, 35). Il y a aussi lieu, dans ce cadre, de faire l'expérience de la veuve de Sarepta : lorsqu'on vide sa poche pour secourir un plus nécessiteux que soi, Dieu la remplit davantage (1R 17, 8-24).

V.4. AVOIR UNE CONSCIENCE TRANQUILLE

Dans la vie, l'homme a deux juges dont il ne peut jamais se défaire et qu'il ne peut aucunement tromper : Dieu et sa conscience. Quand on sait qu'on est injustement traité ou condamné, on doit avoir sa conscience tranquille, quoi qu'on dise, quoi qu'on fasse.

Ceci conduit la victime de l'injustice, même en prison, de demeurer paisiblement, parce qu'elle est condamnée soit par erreur, soit par la méchanceté des hommes. C'est cette conviction qui fait vivre l'innocent en paix, malgré le décor carcéral : il est physiquement enchaîné, incarcéré ; mais, en même temps, il est libre d'esprit et d'âme.

Au contraire, le bourreau qui condamne ou fait condamner l'innocent est quotidiennement puni, torturé dans sa conscience ; il a une conscience chargée même si, extérieurement, il cherche à montrer qu'il est à son aise. Il n'y a pas pour l'homme plus grand juge que Dieu et sa propre conscience.

V.5. LE VRAI PARDON LIBERE, IL EST SOURCE DE BENEDICTIONS

Je viens de dire tantôt que l'innocent condamné est un homme libre d'esprit malgré le décor carcéral dans lequel il peut se trouver. Mais pour que cette liberté soit effective et efficiente, la victime doit pardonner à ses bourreaux. Autrement, en gardant rancune et rancœur, il se détruit lui-même et continuera à porter ce poids dans son cœur ; ce qui ne sera pas sans conséquences fâcheuses au niveau somatique et psychique. D'où, on apprend que certains souffrent des crises cardiaques ou sont victimes d'Accident vasculaire cérébral, AVC en sigle. Une telle situation ne pourra qu'enchanter le bourreau et le pousser à crier une fois de plus victoire dans son sadisme. Il ne faudra pas le lui concéder.

Pardonner aux bourreaux, il le faut, car c'est cela que nous disons chaque jour dans la prière du Pater Noster (Notre père) : « pardonne-nous nos offenses comme nous pardonnons aussi à ceux qui nous ont offensés » (Mt 6, 12). Le Christ lui-même nous en a montré l'exemple sur la croix : « Père pardonne-leur » (Lc 23, 34). Oui, pardonner n'est pas du miel sur la langue. Humainement, c'est difficile de pardonner. Nous devons toujours demander à Dieu la grâce, qui vient de lui, pour que nous soyons capables de pardonner comme Saint Etienne (Lc 23, 34).

Sur la liste de ceux à qui il faut pardonner, il convient de mentionner aussi les frères, confrères, amis et connaissances qui vous ont abandonné pendant les moments difficiles ; même si vous êtes au courant de leurs machinations et des paroles malveillantes de leurs langues acerbes ; même s'ils ont répété machinalement, comme des perroquets, les fausses accusations portées contre vous ; même si votre calvaire a été, pour certains, une occasion de fête ; même si celui qui partageait votre pain a levé le talon contre vous (Ps 41, 9) ; même s'ils ont été les premiers à crier : « crucifiez-le »…

Au nom de votre foi comme enfant de Dieu, pardonnez-leur, sans hypocrisie, de tout cœur et sincèrement. Approchez-les, allez à leur rencontre. Si vous en avez les moyens, aidez-les comme dans le passé, plus même que dans le passé. Le monde pourra vous taxer de naïf. Naïf aux yeux des hommes, mais témoin du pardon devant le Seigneur. Une telle attitude fera pleuvoir sur vous des grâces en abondance. Dieu vous comblera de ses bénédictions. Mais si vous vous engagez sur la voie de la rancune ou de la vengeance, vous vous détruirez vous-même et vous vous fermerez beaucoup de portes dans l'avenir.

D'un autre point de vue, ne tenez pas rigueur, outre mesure, ni à vos détracteurs, ni à ceux qui vous ont abandonné. Avec les yeux de la foi, il faut considérer que, parfois, indépendamment d'eux et de leurs intentions malveillantes, les bourreaux ne sont qu'au service de la victime, comme ce fut le cas avec Joseph dans la Bible ; ils peuvent l'aider à baliser les voies d'un avenir radieux. Sans le savoir, tout en vous sciant les côtes, ils peuvent être des architectes de votre bonheur. Alors qu'ils tenaient à vous enterrer vivant, ils se rendront compte, en retard sûrement, que leurs actions nuisibles ne vous ont servi que de tremplin pour vous propulser, pour prospérer. Dans leur sadisme, ils pourront le regretter ; mais ce sera très tard, trop tard.

C'est dans cet ordre d'idées qu'il importe de méditer cette pensée : « N'en veux pas à ceux qui te lancent des pierres, mais ramasse-les pour bâtir ta vie. Quand ils reviendront un autre jour et verront ce que tu as fait de ces pierres, ils comprendront que toute chose concourt au bien de ceux qui aiment Dieu ».

Peut-être que vous me poserez cette question : et vous, avez-vous déjà pardonné à vos bourreaux ? Si oui, pourquoi encore cette longue littérature à leur sujet ? Le point suivant, le dernier de ce chapitre, constitue la réponse à la question posée.

V.6. LA PASSIVITE N'EST PAS UN COROLLAIRE DU PARDON

Il n'est pas normal qu'au nom du pardon, la victime s'enlise dans la passivité, croise les bras et attende que le salut lui tombe du ciel. Elle ne doit pas ainsi se dédouaner de ses devoirs ou obligations civiques, patriotiques ou relatifs à ses convictions religieuses. Il est indispensable que la victime fasse tout ce qui est en son pouvoir pour lutter contre l'injustice et faire triompher la vérité. Saint Augustin disait : « Dieu nous a créés sans nous, mais il ne peut pas nous sauver sans nous ». Cette pensée souligne la place de l'engagement personnel dans la recherche de solution aux problèmes auxquels l'homme est confronté ; tout en laissant le reste entre les mains du Tout-Puissant.

Cet engagement revêt aussi, il faut le dire, un caractère altruiste, c'est-à-dire faire en sorte que, dans l'avenir, d'autres personnes ne puissent pas subir le même sort. Ce qui conduit forcément à dénoncer les manœuvres du bourreau, afin que lui-même et ses complices, voire ses maîtres ou ses disciples, se rendent parfaitement compte que, ayant déniché leurs complots sordides, l'entourage ne se taira jamais. Une certaine sagesse dit : « il faut crier sur le sorcier » pour l'interpeler et le décourager dans ses entreprises diaboliques.

Une telle attitude de dénonciation pourra les décourager et les pousser à renoncer à d'autres plans diaboliques qu'ils auraient même déjà planifiés. En étant ainsi informées, les autorités, qui en ont le pouvoir, prendront, peut-être, des dispositions qui s'imposent à leur égard.

Vous comprenez donc pourquoi, après avoir pardonné sincèrement à mes bourreaux, j'ai décidé d'écrire ce livre. Que le Seigneur et la vierge Marie conduisent nos pas. Amen !

CONCLUSION

Partant de la manière dont ceux qui tiennent les rênes de la justice se sont malencontreusement immiscés dans mon dossier judiciaire pour en influencer les décisions, j'ai l'ultime et intime conviction que la justice congolaise n'en est pas une ; elle n'existe que de nom. C'est une parodie de justice, une mascarade de justice.

Plusieurs autres aspects pervers de cette justice, relatifs à d'autres dossiers, le prouvent à suffisance : une justice des injonctions et discriminatoire, à deux poids deux mesures. Etant incontestablement au service du pouvoir en place, la justice s'investit à le protéger et à le pérenniser. En même temps, le même pouvoir, dans la poursuite de ses intérêts iniques et cyniques, foule aux pieds certaines décisions judiciaires comme nous avons pu le démontrer à travers le dossier des élections des gouverneurs. C'est une justice qui traque injustement les opposants alors qu'elle reste passive devant les abus des membres de la MP.

Dans le même registre, la manière dont les prisonniers sont traités laisse à désirer : un repas de misère, les dispensaires ou centres de santé transformés en mouroirs, des travaux déshumanisants, en l'occurrence la vidange manuelle, sans protection, des fosses septiques. Bien plus, les prisonniers sont pris pour des vaches à lait. Ils doivent payer le « loyer », la collecte hebdomadaire. Tout se passe dans la passivité des autorités politiques et administratives.

Il est impérieux que chacun de nous s'engage, agisse, même en dénonçant simplement le mal, afin que nous devenions un Etat de droit et que notre justice revête sa plus belle robe, celle de l'équité et de l'égalité de tous devant la loi.

Dans cette perspective, il faudra forcément décourager le monnayage de la justice, en améliorant les conditions de vie des magistrats. Il importe aussi de travailler à l'avènement d'une Justice indépendante et impartiale. A tout cela s'ajoute une gestion rationnelle des milieux carcéraux qui tienne compte de la dignité de la personne humaine.

Enfin, quelle attitude adopter lorsqu'on est victime d'injustice ? Tout en ayant une confiance inébranlable en Dieu, le seul justicier, la victime devra s'engager pour son propre salut et entreprendre des actions y relatives.

ANNEXES

ANNEXE 1

REPUBLIQUE DEMOCRATIQUE DU CONGO

Cour Suprême de Justice
Cabinet du Premier Président

Kinshasa, le [illegible] 2016

N/Réf 2099 /D9/CAB/PP/MJ/2016

SNF notifiez l'intéressé 13.12.2016

Transmis copie pour information à :

- Son Excellence Monsieur le Président de la République, Chef de l'Etat
  (Avec l'expression de mes hommages les plus déférents)
- Monsieur le Premier Ministre, Chef du Gouvernement
- Monsieur le Président de la Cour constitutionnelle et Président du Conseil Supérieur de la Magistrature
- Monsieur le Procureur Général près cette Cour
- Monsieur le Procureur Général de la République
- Monsieur le Ministre de la Justice, Garde des Sceaux et des Droits humains
- Monsieur le Premier Président de la Cour d'Appel
- Monsieur le Procureur Général près cette Cour
- Monsieur le Président du Tribunal de Grande Instance
- Monsieur le Procureur de la République près ce Tribunal

  Tous à **KINSHASA/GOMBE**
- Monsieur le Directeur de la prison centrale de Makala
- Monsieur l'Abbé ISUNGU KAKOKO Richard, en détention à la prison centrale de Makala

  Tous à **KINSHASA/MAKALA**
- Monsieur le Premier Président de la Cour d'Appel
- Monsieur le Procureur Général près cette Cour

Objet : Pour sa compétence
ALERTE

- Monsieur le Président du Tribunal de Grande Instance
- Monsieur le Procureur de la République près ce Tribunal

Tous à **KINDU (Maniema)**

A Maître Stéphane KAMUNDALA
8, Avenue de l'Evêché bis
Commune de Kasuku
à **KINDU**

Maître,

J'ai reçu la copie de la lettre n° 2016/KDU/170/CAB/WE.KAM que vous avez adressée au Procureur Général près la Cour d'Appel de Kindu au sujet de l'objet repris en marge.

Veuillez agréer, Maître, l'assurance de ma considération distinguée.

LE PREMIER PRESIDENT,

Jérôme KITOKO KIMPELE

ANNEXE 2

RÉPUBLIQUE DÉMOCRATIQUE DU CONGO
POUVOIR JUDICIAIRE

Kinshasa, le

LMK

PARQUET GENERAL
PRES LA COUR D'APPEL DE KINSHASA/GOMBE

Le Procureur Général

N° ..... /PG.067/021/..001..../SEC/2017.-

TRANSMIS copie pour information à :

Monsieur **l'Inspecteur Pénitentiaire Principal, Gardien** de la Prison Centrale de Makala
à **KINSHASA/SALEMBAO**.-

Kinshasa, le ...10/02/2017
LE PROCUREUR GENERAL

PUNGWE NEMBA

OBJET : *Exécution ordonnance n°16/066 DU 28 juillet 2016 portant mesure collective de grâce — dossier Abbé ISUNGU KAKOKO Richard.*

A Monsieur **le Procureur Général de la République** près la Cour Suprême de Justice
à **KINSHASA/GOMBE**

Monsieur **le Procureur Général de la République,**

J'ai l'honneur d'accuser réception de votre lettre n°462/D.024/8173/PGR/MAT/2017 du 1er février 2017 relative à l'objet en concerne et de porter à votre connaissance que le condamné Abbé ISUNGU KAKOKO [illegible] listes que j'avais transmises à votre autorité en annexe de ma lettre n°5336/PG.067/021/004/SEC/2016 du 14 août 2016.

Je demande à l'Inspecteur pénitentiaire principal, gardien de la prison centrale de Makala, qui me lit en copie, de libérer l'intéressé au regard des listes que je lui avais aussi transmises et dont copie en annexe.

Veuillez agréer, Monsieur **le Procureur Général de la République,** l'assurance de ma haute considération.

LE PROCUREUR GENERAL,

PUNGWE NEMBA

Palais de Justice (Place de l'Indépendance) - Kinshasa/Gombe-

41	91426/021	RP 21225		BOZEBONGO-FRANCI-	Vol Qualifié	5 ans	14/08/2012	25/02/2014	14/08/2017	Remise, né le 03/05/1995	067	Sortie immédiate
42	4967/021	RP 23649		KONGO NICO JOHN	Vol Qualifié	6 ans	27/06/2015	16/09/2015	27/06/2021	Remise, né le 10/02/1980	067	Sortie immédiate
43	2934/021	RP 23503		MULOPO-TSHAKAPETI-JAPONAIS	Vol à l'aide de violence	5 ans	14/04/2014	17/08/2015	14/04/2020	Remise, né le 02/02/1986	067	Sortie immédiate
44	93446/022	RP 23096		MBUY-BETUTI I	Vol Qualifié	5 ans	07/03/2014	02/02/2015	07/03/2019	Remise, né en 1990	067	Sortie immédiate
45	86102/021	RP 20786		MASAMBA-LUNGA	Extorsion	5 ans	14/12/2011	25/06/2012	14/12/2016	Réduction de peine de 3ans	067	Sortie Immédiate
46	3215/PG	RPA 12354		RICHARD ISUNGU	Abus De Confiance	3 ans	10/07/2014	13/06/2016	10/07/2017	Remise de peine 3ans	066	Sortie Immédiate
47	0748/021	RP 23404	69	MOLINA MAKENGO	VOL A L'aide De Violence	5 ans	30/01/2015	22/06/2015	30/01/2020	Réduction de 3 ans	066	Sortira le 30/01/2017
48	94336/021	RP 23593		DIMUKA-DIZAMHA	Vol Qualifié	5 ans	09/122012	14/05/2014	09/12/2017	Réduction de 3ans	066	Sortie Immédiate
49	113708/021	RP 23192		MILANDU GUYLAIN	Vol Qualifié	2ans	27/10/2014	29/05/2015	27/10/2016	Remise de peine de 3ans	066	Sortie Immédiate
50	110303/021	RP 23092		BIANDA KAZADI	Vol Qualifié	2 ans	30/08/2014	29/10/2014	30/08/2016	Remise de peine de 3ans	066	Sortie Immédiate
51	1197/021	RP 23407		MAKITA LUZEMBI	Vol Qualifié	2 ans	21/02/2015	26/01/2016	21/02/2017	Remise de peine de 3ans	066	Sortie Immédiate
52	106787/021	RP 23039		NKOYI-LOKABA YVES	Vol Qualifié	7 ans	04/07/2014	04/03/2015	04/07/2021	Réduction de peine de 5ans	066	Sortie Immédiate
53	11286/021	RP 23248		NTUMBA – BOB	Vol Qualifié	5 ans	10/12/2014	21/04/2015	10/12/2019	Remise, né le 16/08/1994	067	Sortie Immédiate

ANNEXE 3

PRISON CENTRALE DE MAKALA
LE GARDIEN

Kinshasa, le

N° Just 4/.067.../SEC/PCM/2017

Transmis copie pour Information à :
- Monsieur le Procureur Général de la République.
A Kinshasa/Gombe.

Objet : Libération ABBE RICHARD ISUNGU KAKOKO.

A Son Excellence Monsieur le Ministre d'Etat, Ministre de la Justice et Garde des Sceaux.
A Kinshasa/Gombe.

Excellence.

J'ai l'honneur de porter à la connaissance de votre autorité, la sortie de l'Abbé Richard ISUNGU KAKOKO, ancien Econome du Diocèse de Kindu, par la lettre N°0605/PG.067/021/001/SEC/2017, du 31/01/2017, en exécution de l'Ordonnance n°16/066 du 28 Juillet 2016 portant mesure collectives de grâce.

En effet, sauf erreur de ma part, cet ancien détenu, n'a pas une autre cause pouvant justifier son maintien dans mon Etablissement.

Veuillez agréer, Excellence Monsieur le Ministre d'Etat, l'expression de mes profonds respects.

THADDEE KABISA EMINENKOS
Lt Colonel
Inspecteur Pénitentiaire Principal

ANNEXE 4

REPUBLIQUE DEMOCRATIQUE DU CONGO
COMMISSION NATIONALE DES DROITS DE L'HOMME
CNDH-RDC
Institution d'Appui à la démocratie

Le Président

Kinshasa, le

N/Réf: CNDH/[illegible]/BCNDH/MMM/ALM/BW/DSN/2017

Transmis Copie pour information à :

- Monsieur le Procureur Général de la République
- Monsieur le Directeur Chef des services pénitentiaires, Ministère de la Justice et Garde des Sceaux
- Monsieur le Procureur Général près la Cour d'Appel de Kinshasa / Gombe Tour à Kinshasa/Gombe
- Monsieur l'Inspecteur Pénitentiaire Principal, gardien de la Prison Centrale de Makala à Kinshasa/Selembao
- Monsieur Isungu Kakoko Richard Prison Centrale de Makala à Kinshasa/Selembao

A la particulière attention de Son Excellence Monsieur le Ministre d'Etat et Ministre de la Justice et Garde des Sceaux
Palais de Justice, Place de l'Indépendance
à Kinshasa/Gombe

Concerne : Libération de Sieur Isungu Kakoko Richard

Excellence Monsieur le Ministre,

Le 13 janvier 2017, la Commission Nationale des Droits de l'Homme a été saisie du cas de Sieur Isungu Kakoko Richard, Abbé exerçant à l'Economat du Diocèse de Kindu, arrêté le 10 juillet 2014 et condamné le 13 juin 2016 à 3 ans de servitude pénale pour abus de confiance puis, déclaré éligible

Adresse Provisoire : Avenue Lokele 4, Immeuble Kisombe 1er Etage/Réf : Gare Centrale
Contacts : 0819791706/0818911038
E-mail: president@cndhrdc.cd
Website www.cndhrdc.cd

en même temps que bien d'autres au bénéfice de l'Ordonnance n°16/066 du 22 juillet 2016 portant mesures collectives de grâce présidentielle.

Cependant, le concerné n'a pu bénéficier de la « *sortie immédiate* » telle que décidée par la Commission chargée de l'exécution des mesures collectives de grâce présidentielle en plus des instructions de

sortie immédiate contenues dans la lettre n° 0605/PG.067/021/001/SEC/2017, du 10/02/2017 de Monsieur le Procureur Général de la Gombe. En conséquence, ce dernier continue de séjourner à la Prison Centrale de Makala sans plus aucun titre pouvant justifier sa détention.

Face à cette situation, je me fais l'honneur de vous inviter dans le cadre de la collaboration interinstitutionnelle, de bien vouloir ordonner à Monsieur le Directeur, gardien de la Prison Centrale de Makala qui me lis en copie et que mes enquêteurs ont déjà rencontré par deux fois à ce sujet leur disant : « *attendre vos instructions avant de s'exécuter* », de procéder à la mise en liberté immédiate du concerné, ce dont je vous remercie sincèrement.

Dans l'attente, je vous prie d'agréer, Excellence Monsieur le Ministre, l'expression de ma franche et sincère collaboration.

MWAMBA MUSHIKONKE Mwamus

PRESIDENT

Adresse Provisoire : Avenue Lokele 4, Immeuble Kisombe – 1er Etage/Réf : Gare Centrale Contacts :
Contacts : 0819791706/0818911038
E-mail: president@cndhrdc.cd
Website:www.cndhrdc.cd

ANNEXE 5

RÉPUBLIQUE DÉMOCRATIQUE DU CONGO
COMMISSION NATIONALE DES DROITS DE L'HOMME
CNDH – RDC
Institution d'appui à la démocratie

RAPPORT MENSUEL SUR LA SITUATION DES DROITS DE L'HOMME ET DES DÉFENSEURS DES DROITS DE L'HOMME OBSERVÉE A KINSHASA ET DANS D'AUTRES PROVINCES DE LA RÉPUBLIQUE DÉMOCRATIQUE DU CONGO

Mois de février 2017

Kinshasa, mars 2017

Adresse Provisoire :
Immeuble Kisombe, 1er étage, Avenue Lokele N° 04, Quartier de la Gare,
Commune de Gombe, Ville de Kinshasa, République Démocratique du Congo
Téléphone : +(243)819791706 / 818911038 / E-mail : president@cndhrdc.cd
Site Internet : www.cndhrdc.cd

Pour le nommé **Espoir Nayasi Ngwala**, arrêté depuis le 4 juin 2014 à Kinshasa pour « *atteintes à la sécurité de l'Etat et actes subversifs* » il devrait être transféré au Parquet d'après l'Agence Nationale des Renseignements.
Quant aux 4 militants de l'UNAFEC, l'ANR a promis à la CNDH que ceux-ci seront bientôt remis en liberté.

b) Sieur **Isungu Kakoko Richard**, Abbé exerçant à l'Economat du Diocèse de Kindu, arrêté le 10 juillet 2014 et condamné le 13 juin 2016 à 3 ans de servitude pénale pour abus de confiance puis, déclaré lui-aussi éligible en même temps que bien d'autres au bénéfice des mesures collectives de grâce présidentielle, n'a pu obtenir la « *sortie immédiate* » telle que décidée par la Commission chargée de l'exécution des mesures collectives de grâce présidentielle et ce, en plus des instructions de sortie immédiate contenues dans la lettre n° 0605/PG.067/021/001/SEC/2017, du 10/02/2017 de Monsieur le Procureur Général de la Gombe.

Il continue de séjourner en milieu carcéral, notamment à la Prison Centrale de Makala jusqu'à ce jour.

Dans le but de faire cesser ce qui apparait déjà comme une violation des droits de l'homme par le fait de : « ***maintenir une personne en milieu carcéral, sans aucun titre justifiant sa présence en ces lieux*** », la CNDH a, par sa lettre n°CNDH/173/BCNDH/MMM/ALM/BW/DSN/2017 du 9 mars 2017, avec accusé de réception, interpelé les autorités à savoir :

- *le Ministre de la Justice et Garde des Sceaux* ;
- *le Procureur Général de la République* ;
- *le Procureur Général près la Cour d'Appel de Kinshasa / Gombe* ;
- *le Directeur Chef des services pénitentiaires, Ministère de la Justice et Garde des Sceaux* ;
- *l'Inspecteur Pénitentiaire Principal, gardien de la Prison Centrale de Makala.*

c) Des affrontements qui ont eu lieu entre les adeptes de la Secte Bundu Dia Mayala et les Forces de l'ordre *d'abord* les 3 et 4 février 2017, non loin de la Morgue de Kimpese, *ensuite*, le 13 février 2017 entre 15h00 et 17h30, sur l'avenue Lokolenge/Bosenge Direction Khartoum dans la Commune de Ngiri-Ngiri à Kinshasa et, *enfin*, les lundi 13 et mardi 14 février 2017au quartier Ma Campagne, aux Avenues Benseke/Haute-

ANNEXE 6

République Démocratique du Congo

Kinshasa, le

Le Ministre d'Etat
Ministre de la Justice et Garde des Sceaux

N/R : [illegible] PNA 120/Secab/CAB/M E/MIN/J&GS/2017
V/R :

Transmis copie pour information à :

- **Monsieur le Procureur Général de la République**
- **Monsieur le Vice – Ministre de la Justice**
- **Monsieur le Procureur Général de la Gombe**
(Tous) à Kinshasa/Gombe
- **Monsieur le Premier Président de la Cour d'Appel de Bandundu**
- **Monsieur l'Abbé ISUNGU KAKOKO Richard**
Prison Centrale de Makala
à Kinshasa

A Monsieur le Directeur de la Prison Centrale de Makala
à Makala.-

Objet : Transmission lettre.-
Libération de Monsieur
L'Abbé ISUNGU KAKOKO
Richard

Monsieur le Directeur,

Je suis saisi par la lettre sans référence du 27 février 2017 émanant de l'Abbé ISUNGU KOKOKO Richard, qui sollicite mon intervention pour sa libération de la prison centrale de Makala ou il est détenu.

Me référant aux correspondances du 01 février 2017 du Procureur Général de la République, n° 462/0.024/8173/PGR/MAT/2017 du 10 février 2017 du Procureur Général de Kinshasa / Gombe et la votre n° Just 4/067/SEC/PCM/2017 du 13 février 2017, il ya lieu de mettre l'Abbé ISUNGU KAKOKO en liberté.

Veuillez agréer, **Monsieur le Directeur**, l'assurance de ma parfaite collaboration.

Alexis THAMBWE-MWAMBA

Palais de Justice, Place de l'Indépendance - Kinshasa/Gombe - Tél. +243 15 16 45 95
E-mail : info@minjustice.cd - Site web : www.minjustice.cd

ANNEXE 7

Kindu, le 06/07/2015

S/c

OBJET : Indignation : torture à la prison centrale de Kindu

A Monsieur le Directeur de la Prison Centrale à **Kindu**

Monsieur le Directeur,

Je voudrais, de manière officielle, vous présenter mon indignation en rapport avec la torture qui sévit dans la prison centrale de Kindu, au pavillon civile.

Il est de coutume, pour le Président des prisonniers (Monsieur MOMO) et son staff, d'exiger aux nouveaux-venus de payer 50.000Fc ou plus. Ceux qui ne s'en acquittent pas sont copieusement torturés, fouettés.

Pas plus tard que ce matin, plus de 10 prévenus étaient passés à tabac, fouettés pour le motif évoqué ci-haut.

Réveillé de mon sommeil par les cris de ceux qui étaient aux abois devant leurs bourreaux, j'ai pris en main mes responsabilités en interpellant ces concitoyens qui se livrent à cette salle besogne.

Mais curieusement, à son arrivée au lieu du supplice, Monsieur MOMO a demandé à ses acolytes d'intensifier leurs coups.

Monsieur le Directeur, émotionné et traumatisé par ce traitement inhumain et dégradant, j'ai personnellement fait appel à votre autorité pour mettre fin à cette recréation qui n'a que trop duré.

A ma grande surprise, avec je ne sais quelle arrogance, Monsieur MOMO vous a déclaré, sans ambages ni vergogne, que c'est lui qui avait ordonné tout cela ; comme pour vous défier. Quelle effronterie !

Pire encore, Monsieur MOMO s'était opposé à votre ordre de libérer tous ceux qu'il avait enfermé dans la cave, entassés comme dans une boite de sardines, sans aération ni liberté de mouvement.

Il avait fallu l'intervention des tierces personnes pour que le « fameux » Président des prisonniers obtempère.

Tout cela étant, Monsieur le Directeur, je vous prie de prendre des dispositions qui s'imposent, pour le bien tous ; si non, je me ferai le devoir de m'adresser, officiellement, au moment opportun, aux autorités judiciaires qui me lisent en copie.

Comptant sur votre sens de responsabilité, je vous prie, Monsieur le Directeur, de croire à mes sentiments civiques.

Abbé Richard ISUNGU

Prévenu à la Prison Centrale

C.I : - Procureur Général du Maniema
- Procureur de la République
- Division Provinciale de la Justice
- Monsieur MOMO, Président des Prisonniers.

ANNEXE 8

REPUBLIQUE DEMOCRATIQUE DU CONGO
PROVINCE DU MANIEMA
DIVISION PROVINCIALE DE LA JUSTICE

Kindu, le 06/07/2015

N°JUST/DP-MMA/028/2015

Vu le Mardi 07/07/2015
DIPRISON

Transmis copie pour information à :

- Madame le Procureur Général près la Cour d'Appel de Kindu
- Monsieur le Procureur de la République près le Tribunal de Grande Instance de Kindu
- Monsieur KINGOMBE MOMO (Prison centrale de Kindu)
- Monsieur l'Abbé ISUNGU (Prison centrale de Kindu)

(Tous) à **Kindu.**

A Monsieur le Gardien de la Prison Centrale de Kindu à Kindu

Objet : **Paiement de 50.000 FC ou Torture**

Monsieur le Gardien,

Je viens de recevoir la copie me réservée de la lettre vous adressée de Monsieur l'Abbé Richard ISUNGU du 06/07/2015.

J'aimerais être édifié par vous, toutes affaires cessantes, des allégations graves contenues dans cette lettre.

J'insiste pour connaitre votre version des faits sur les événements de la journée du 06/07/2015 en rapport avec les prévenus fouettés et du comportement de Monsieur MOMO à votre égard.

LE CHEF DE DIVISION PROVINCIALE DE LA JUSTICE

BANYOKE BALAMBA Didier
Chef de Division

Bâtiment Prison centrale de KINDU
Téléphone : 0850034511
E-mail : divisionjustice@gmail.com

BIBLIOGRAPHIE

1. *Constitution de la République Démocratique du Congo*, dans *Journal Officiel de la République Démocratique du Congo,* 47ème année, Kinshasa, 18 février 2006.
2. AGONDJO Silver, « RDC : Evasion à la prison centrale, Ne Muanda Nsemi en fuite », dans *AFRICA POSTNEWS,* [En ligne], http://www.africapostnews.com/2017/05/17.
3. Anonyme, « Kinshasa : le VSV dénonce le rançonnement des visiteurs à la prison de Makala », dans *RADIO OKAPI*, [En ligne], http://www.radiookapi.net/actualité/2015/05/11.
4. Anonyme, « 54ème session ordinaire : 22 octobre – 5 novembre 2013. Gambie », dans *CADHP,* [En ligne], http://www.archbr.org/fr/sessions/54th.
5. Anonyme, « Calendrier pour l'élection des gouverneurs déchus en RDC », dans *VOA*, [En ligne], http://www.voaafrique.com.
6. Anonyme, « Cardinal Monsengwo: « Il est temps que les médiocres dégagent et que règnent la paix et la Justice en RDC » », dans *RADIO OKAPI* , [En ligne], http://www.radiookapi.net/politique/20180102.
7. Anonyme, « Comment l'Etat congolais se laisse déposséder de son patrimoine », dans *International,* [En ligne], http://www.lesoftonline.net/articles.
8. Anonyme, « Conférence de presse de joseph Kabila 26 janvier 2018 », [En ligne], http://www.m.youtube.com.
9. Anonyme, « Conseil supérieur de la magistrature : l'allocution du ministre de la Justice fait tache d'huile », dans *LA TEMPETE,* [En ligne], http://www.latempete.info.

10. Anonyme, « crise à la Cour constitutionnelle:Lwamba Bindu cherche noise à J-L Esambo », dans 7sur7.cd, [En ligne], http://7sur7.cd/new/2016/11.
11. Anonyme, « Droit de l'homme : la torture persiste en RDC », dans RADIO OKAPI, [En ligne], https://www.radiookapi.net/sans-categorie 2008/06.
12. Anonyme, « Ituri : 44% de détenus de la prison de Bunia subissent des tortures, selon une ONG », dans *RADIOOKAPI*, [En ligne], http://www.radiookapi.net/actualité/2015/06/27.
13. Anonyme, « Kinshasa assouplit le retrait controversé des passeports semi-biométriques », dans *VOA AFRIQUE*, [En ligne], http://www.voafrique.com.
14. Anonyme, « Point de presse du 03/01/2018 avec Lambert Mende », [En ligne], http://m.youtoube.com.
15. Anonyme, « Prisons en RD Congo: des conditions de détention infrahumaines», dans *rfi AFRIQUE*, [En ligne], http://www.rfi.fr/afrique/20150719.
16. Anonyme, « RDC : de hauts cadres de la fonction publique arrêtés », dans *BBC Afrique,* [En ligne], http://www.bbc.com/afrique/region.
17. Anonyme, « RDC : des conditions des détentions alarmantes à la prison de Goma », dans *rfi AFRIQUE*, [En ligne], http://www.rfi.fr/afrique/20160124.
18. Anonyme, « RDC : Evasion massive des prisonniers après l'attaque de la prison de Makala » , dans *rfi AFRIQUE*, [En ligne], http://www.rfi.fr/afrique/2017/05/17.
19. Anonyme, « RDC : la loi électorale contestée devant la Cour constitutionnelle », dans *rfi AFRIQUE*, [En ligne], http://www.rfi.fr/Afrique.
20. Anonyme, « RDC : le trésor public a perdu plus d'un milliard de dollars en 2016, dénonce la LICOCO »,

dans *RADIO OKAPI,* [En ligne], http://www.radiookapi.net/2017/08/21/actualite/Justice.

21. Anonyme, « RDC : les anciens passeports semi-biométriques seront invalidés à partir du 16 octobre », dans *RADIO OKAPI*, [En ligne], http://www.radiookapi.net/2017/09/17/actualité/politique.
22. Anonyme, « RDC : Les présumés auteurs d'attaques de Kinshasa présentés par le police », dans *RADIO OKAPI*, [En ligne], http://www.radiookapi.net/2017/07/29.
23. Anonyme, « RDC : malgré l'absence du quorum, la Cour constitutionnelle juge recevable la requête de la CENI sur le report de la présidentielle », dans *cas.info.ca,* [En ligne], http://www.m.cas.info.ca/rd-congo/politique.
24. Anonyme, « Révélation de Jeune Afrique sur le PPRD : Aubin Minaku, Henri Mova et la CENI, un scandale de trop au sommet de l'Etat », dans *AFRIWAVE*, [En ligne], http : //www.afriwave.com.
25. Anonyme, « Une prison congolaise expose en pleine rue ses détenus mourants de faim », dans *France 24. Les observateurs*, [En ligne], http://observers.france24.com/fr/20170914.
26. Anonyme, «RDC : enquête sur ''le recrutement de mercenaires'' étrangers proches de l'opposant Katumbi », dans *RADIO OKAPI*, [En ligne], http://www.radiokapi.net/ Justice rdc.
27. Anonyme, « RDC : des proches du Président Kabila cités dans les « Panama Papers » », dans *rfi AFRIQUE*, [en ligne], http://www.rfi.fr/afrique/20160409-rdc.
28. BOISSELET Pierre, « RD Congo : une juge de Lubumbashi affirme avoir subi des pressions pour

faire condamner Katumbi », dans *jeuneafrique*, [En ligne], http://www.jeuneafrique.com/344986/politique.

29. BOISSELET Pierre et KIBANGULA Trésor, « RDC : affaire des mercenaires : le Parquet sollicite la fixation d'audience pour le « Congolais » Moïse Katumbi », dans Jeuneafrique, [En ligne], http://www.jeuneafrique.com/545418/politique.
30. BUJAKERA Stanys, « L'Assemblée nationale a rejeté le projet de loi modifiant la composition de la Cour Constitutionnelle », dans *ACTUALITE.CD*, [En ligne], http://actulite.cd/2017/16/05.
31. BUYA Yves, « Scandale à l'UNIKIN : le prof Mampuya est en train d'écrire une thèse pour Aubin Minaku », dans *RDC.NEWS,* [En ligne], http://www.rdc.news.com/2017/10/13.
32. BUYAKERA TSHIAMALA Stanys, « Samy Badibanga renonce à sa nationalité belge (document) », dans *ACTUALITE.CD*, [En ligne], http://www.actualite.cd/20161209.
33. CROS Marie-France, « RDC : un Ministre dénonce une « attaque avec des chapelets », dans *La Libre AFRIQUE,* [En ligne], http:www.afrique.lalibre.be/14004.
34. DIASSO Alain, « Double nationalité de Moïse Katumbi : la majorité enfonce le clou », dans *AGENCE D'INFORMATION D'AFRIQUE CENTRALE*, [En ligne], http://www.adiac.congo.com/content.
35. Id., « Evasion à Makala : bilan contradictoire sur le nombre d'évadés », dans *AGENCE D'INFORMATION* D'AFRIQUE *CENTRALE,* [En ligne], http//www.adiac-congo.com/content.

36. ENGBE Aline, « Scandale en RDC : le professeur Maindo dénonce l'octroi de faux diplômes d'université à des autorités ! », dans *TSHUKUDUNEWS,* [En ligne], http://www.tshukudunews.com.

37. KABEYA Kereph , « Insalubrité Kinshasa : la gestion des immondices et ordures reste un problème collectif », dans *LA PROSPERITE* , [En ligne], http://www.laprosperiteonline.net/2017/09/12.

38. KANDE François, « Ngoyi Kasanji a-t-il obtenu par la fraude son diplôme de droit de l'UNIKIN », dans *VAC Radio*, [En ligne], https://vacradio.com

39. KAYEMBE Jean-Marie, « Le Ministre Félix Kabange expose à moitié nus des pères de famille », dans *l'exclusivité.info*, [En ligne], http://www.lexclusif.info.

40. KIBANGULA Trésor, « RDC : Pourquoi Joseph KABILA veut dompter la Cour Constitutionnelle », dans *jeuneafrique,* [En ligne], http://jeuneafrique.com/politique/20171025.

41. Id., « Prisons en RDC : des conditions de détention jugées « catastrophiques » par le CICR », dans *Jeuneafrique,* [En ligne], http://www.jeuneafrique.com/171100/politique.

42. Id., « RDC : une information judiciaire ouverte contre Katumbi… », Dans *jeuneafrique*, [En ligne], http://www.jeuneafrique.com/546571/société.

43. Id., « RDC : dans l'affaire des mercenaires pro-Katumbi, justice et services de renseignement se contredisent », dans *jeuneafrique*, [En ligne], http://www.jeuneafrique.com/549734/société.

44. KONGOLO Jean-Bosco, « Pouvoir judiciaire de la RDC : avec quels hommes et quelles femmes ? »,

dans *DESC-WONDO. Défense et sécurité du Congo,* [En ligne], http://desc-wondo.org/fr.

45. MATERANYA Prisca , « Georges Kapiamba condamne déclaration du Secrétaire permanent du PPRD sur RFI à propos de Moïse Katumbi » , dans *DIA*, [En ligne] , http://www.diacenco.com.
46. MONKONGO Patrick, « Les détenus de la prison de Makala déplorent leurs conditions de vie », dans *SPEAK,* [En ligne], http://speakjhr.com/2016/02.
47. MUAMBA Clément, « Liberté provisoire accordée, Gecoco Mulumba toujours à la Clinique de Ngaliema », *dans times.cd,* [En ligne], http://www.times.cd/2018/02/05.
48. MUDERHWA Alphonse, « Inauguration nouvelle ambassade de la Belgique : Kinshasa boycotte D.Reyndess, aucun Ministre présent », dans *7sur7.cd,* [En ligne], http://7sur7.cd/new/2017/11.
49. Id., « Liberté de la presse : le CSAC cloue le bec du journaliste Daniel Safu », dans 7sur7.cd, [En ligne], http:// 7sur7.cd/new/2017/11.
50. MULAND Paul, « Kabila son ancien Dircab Beya Siku, refusé comme Ambassadeur à Bruxelles », dans *7 sur 7.cd*, [En ligne], https://7sur7.cd/new/2015/2015/06.
51. MULEGWA Pascal, dans « RDC : Kinshasa dresse un tableau sombre d'une Justice « infectée par plusieurs maux »», dans *AA,* [En ligne], http : // www.aa.com.tr/fr/941578.
52. MULONGO Freddy, « RDC : Gédéon Kyungu Mutanga, seigneur de guerre célébré en héros par le régime d'imposture d'Alias Joseph Kabila ! », dans *MEDIAPART*, [En ligne], http://www.blogs. mediapart.fr/121016.

53. MUNOKI Christophe, « RDC : Les débiteurs du FPI bloquent 140 millions USD dans leurs poches », dans *Journal du Monde*, [En ligne], http://lejournal desnations.net/rdc-debiteurs-fpi/20151228.
54. MUTU Jean-Marie, « Emmanuel Shadari , un chien d'attaque maladroit lancé sur les trousses de l'ancien gouverneur Moïse katumbi? », dans congovox, [en ligne], http://www.congovox.com.
55. NDJADI LOPONGO Yves, « Luzolo Bambi dépose une liste provisoire des mandataires ciblés au Procureur général de la République », dans *Infos Grands Lacs* [En ligne], http://www.infosgranslacs. info/production.
56. NLENVO Will Cleas, « RDC : L'IDGPA soupçonne le gouvernement d'influencer la composition de la Cour constitutionnelle en vue d'un référendum », dans *ACTUALITE.CD,* [En ligne], https://actualité.cd/ 2017/09/04.
57. NSUNGU SEKE, « RDC : quelle indépendance de la Justice ? », dans *Habari RDC*, [en ligne] http://habarirdc.net.
58. PAUL VI, *Evangelii Nuntiandi*, n° 41, dans *Vatican.va,* [En ligne], http://w2.vatican.va/content.
59. TSHIBUYI Christine, « Pasteur François – David Ekofo : « l'Etat congolais n'existe pas! léguons à nos enfants un pays de droit », dans *ACTUALITE.CD*, [En ligne], http://www.actualite.cd/2018/01/16.

TABLE DES MATIERES

QUESTIONS JURIDIQUES

AUX ÉDITIONS L'HARMATTAN

Dernières parutions

QU'EST-CE QUE LE DROIT ?
Théorie syncrétique et échelle de juridicité
Barraud Boris
La définition du droit ici est d'abord lexicographique et scientifique. La théorie syncrétique réunit toutes les définitions du droit en vigueur, loin d'être concurrentes elles s'associent. Ne s'opposant plus, elles se complètent. La seconde partie interroge les dimensions du droit en mesurant le niveau de force juridique par l'application des critères de juridicité. Cette nouvelle forme de rationalité de la pensée juridique permet au juriste de s'ouvrir à tout type de normes sociales tout en sauvegardant l'autonomie conceptuelle du droit.
(Coll. Le Droit aujourd'hui, 25.50 euros, 242 p.)
ISBN : 978-2-343-13423-9, ISBN EBOOK : 978-2-14-005340-5

LA RECHERCHE DE L'ÉQUILIBRE CONTRACTUEL DANS LE CAUTIONNEMENT
Regards croisés entre le droit français et le droit OHADA
Dibangue Guy - Préface de Pascal Rubellin
Le cautionnement est actuellement la sûreté qu'exigent de préférence les banques des emprunteurs. Si le législateur français semble surprotéger la caution par rapport au créancier, c'est l'inverse qui a été retenu par le législateur OHADA. Dans les deux cas, c'est le déséquilibre entre la protection raisonnable de la caution et la préservation des intérêts des créanciers. Suivant les récentes évolutions législatives en France et en droit OHADA, cette thèse vise l'équilibre contractuel du cautionnement dans une démarche de modernisation et de rationalisation de cette sûreté.
(Coll. Droit aujourd'hui, 42.00 euros, 456 p.)
ISBN : 978-2-343-13159-7, ISBN EBOOK : 978-2-14-005369-6

LE DROIT ANIMAL
Morales Frénoy Cathy
Plus qu'un droit protecteur, le droit animal réglemente les différentes utilisations de l'animal par l'Homme. Il est un corpus juridique transversal, issu du droit international, européen et national, qui régit les rapports entre l'homme et l'animal sans toujours offrir une protection juridique souvent souhaitée. Ce guide juridique offre à tout lecteur une étude complète de cette nouvelle discipline.
(Coll. Bibliothèques de droit, 45.00 euros, 470 p.)
ISBN : 978-2-343-12873-3, ISBN EBOOK : 978-2-14-005223-1

QUESTIONS D'ACTUALITÉ EN ÉTHIQUE ANIMALE
Pelé Marie, Sueur Cédric
L'éthique animale qui désigne l'étude de notre responsabilité morale à l'égard des animaux, n'est pas une prise de position mais un questionnement en perpétuelle évolution avec notre culture et notre temps. Cet ouvrage présente plusieurs éléments de réponses aux récentes questions posées par la société sur notre rapport aux animaux. Experts et étudiants abordent onze questions d'actualité en éthique animale. Leurs échanges sont retranscrits.
(Coll. Le Droit aujourd'hui, 24.00 euros, 236 p.)
ISBN : 978-2-343-13489-5, ISBN EBOOK : 978-2-14-005382-5

JE PARLE AUX ANIMAUX
Peter Friedman
Samantha Khury écoute les animaux et leur parle. Grâce à ce dialogue, elle parvient à comprendre leur comportement et à trouver les mots qui les guérissent. Non seulement Samantha Khury comprend le langage de nos fidèles compagnons, mais, en plus, ceux-ci lui confient leurs malheurs. Des propriétaires d'animaux domestiques, des gardiens de zoo et des entraîneurs de chevaux qui l'ont consultée en sont convaincus. Nous la voyons au travail, à l'écoute d'un chat dépressif, d'un perroquet déplumé en manque d'amour ou d'une jument qui a besoin de liberté... « Dans cette Théma Arte sur les rapports entre les hommes et les animaux, *Je parle aux animaux* est le plus intéressant. Sans doute parce qu'il pose la question de la communication avec nos compagnons à quatre pattes. Peter Friedman livre des séquences étonnantes. » (*TéléObs*). « Ce documentaire étonnant parvient à nous convaincre que la frontière entre les espèces est bien mince. Quand on dit que l'homme n'est qu'un animal ! » (*Le Figaro*)
(20 euros)
ISBN : 978-2-336-31591-1

TRAITÉ DE DROIT CONSTITUTIONNEL CONGOLAIS
Esambo Kangashe Jean-Louis
Préface de El hadj Mbodji - Postface de Dodzi Kokoroko
Dans sa conception, son évolution et sa pratique, le droit constitutionnel a toujours eu du mal à s'affranchir de crises politiques. Droit de crises ou de gestion de crise, le droit constitutionnel est avant tout au service des normes, dont le respect par tous contribue au fonctionnement régulier des institutions. Placés dans le contexte congolais, les trois versants du droit constitutionnel, à savoir le droit normatif, celui institutionnel et la branche consacrée aux libertés n'ont pas toujours été en cohérence avec le constitutionnalisme.
(Coll. Études africaines, 39.00 euros, 410 p.)
ISBN : 978-2-343-12352-3, ISBN EBOOK : 978-2-14-005341-2

SUR LE CHEMIN DES SAISIES
L'huissier de justice d'hier à demain
Berthé Ibrahim
Qu'est-ce qu'un huissier de justice ? D'où vient-il ? À quoi sert-il ? Cet ouvrage tente de répondre à ces interrogations et, à travers l'histoire, de peindre les

différentes facettes de ce personnage spécifique du rouage de l'appareil judiciaire dans le temps et dans l'espace, des rives de la Seine en France jusqu'au bord du fleuve Djoliba au Mali.
(25.00 euros, 270 p.)
ISBN : 978-2-343-13501-4, ISBN EBOOK : 978-2-14-005261-3

LES TECHNIQUES D'ENQUÊTE CRIMINELLE
Typologie des crimes et constatations médico-légales
Moutassi Jean-Pierre
L'adoption de la loi de Juillet 2005 portant sur la procédure pénale démontre la volonté du gouvernement camerounais à promouvoir un état de droit. Voici un outil fondamental pour les praticiens du droit criminel : un outil de formation pour les jeunes fonctionnaires, ainsi que pour leurs aînés qui n'auraient pas eu l'occasion de vivre l'expérience des enquêtes judiciaires.
(Harmattan Cameroun, 45.00 euros, 498 p.)
ISBN : 978-2-343-13126-9, ISBN EBOOK : 978-2-14-005224-8

LES CLÉS DES ENJEUX FINANCIERS DU DIVORCE
Rond Patrice - Préface de Laurent Hincker
L'amour s'est consumé, l'argent part en fumée ! À une époque où toujours plus de couples se séparent, la finance du divorce inquiète. Comprendre ses arcanes financières, c'est pouvoir anticiper en cas de conflit au sein du couple. Comment rétablir un budget ou encore évaluer une prestation compensatoire ? À l'aide d'exemples chiffrés, l'auteur indique comment recenser et évaluer les revenus et patrimoines, et présente des méthodologies pratiques pour établir les droits respectifs des époux. L'ouvrage rend compréhensibles les procédures financières qui ont lieu dans le divorce.
(17.00 euros, 156 p.)
ISBN : 978-2-343-11633-4, ISBN EBOOK : 978-2-14-004942-2

LUTTER EFFICACEMENT CONTRE LA FRAUDE
Enjeux stratégiques et opérationnels
Sous la direction de Catherine Véret Jost et Nicolas Dufour
Lutter efficacement contre la fraude pour recycler 50 à 100 milliards d'euros par an dans la croissance économique en France, voici l'enjeu de cet ouvrage qui explicite les leviers d'actions pour y parvenir, avec des retours d'expériences de professionnels et d'académiques. Il s'adresse à tous ceux qui ont la volonté de relever ce défi.
(Coll. Perspectives organisationnelles, 38.50 euros, 392 p.)
ISBN : 978-2-343-13167-2, ISBN EBOOK : 978-2-14-005143-2

L'ENFANT EN PRISON
Sous la direction de Catherine Ménabé et Mathieu Martinelle
Depuis 1946, les femmes détenues ont la possibilité de garder à leurs côtés, en prison, leur enfant jusqu'à ses 18 mois, voire 2 ans. Si la situation est peu étudiée, et souvent méconnue, elle mérite de profondes réflexions. Quelles sont les conditions de vie de ces jeunes enfants au sein du milieu pénitentiaire ? Comment

est assuré leur développement psychomoteur et affectif malgré les contraintes carcérales ? Comment l'univers carcéral s'adapte à la présence d'enfants, non écroués mais, de fait, privés de liberté ?
(Coll. Bibliothèques de droit, 27.00 euros, 274 p.)
ISBN : 978-2-343-13051-4, ISBN EBOOK : 978-2-14-005015-2

LES TRENTE ANS DE LA LOI LITTORAL
Sous la direction de Jean-Luc Pissaloux et Anne Rainaud
La loi Littoral a maintenant plus de trente ans. Loi d'avant-garde, elle vise à concilier la protection du littoral avec le développement économique. Souvent contestée comme trop protectrice, empêchant l'urbanisation, elle est aussi considérée comme un « laisser-construire » dans les zones saturées. Ses concepts sont difficiles à interpréter et appliquer. Les défis climatiques auxquels est confronté le littoral ont impliqué la participation de géographes. La protection des cordons littoraux s'avère aujourd'hui une nécessité.
(Coll. Grale, 39.00 euros, 418 p.)
ISBN : 978-2-343-13140-5, ISBN EBOOK : 978-2-14-004988-0

CICÉRON, PÈRE DE LA CODIFICATION DU DROIT CIVIL
Gilardeau Eric
Confronté à la crise subie par la République, Cicéron cherchait une réponse au chaos des lois et aux contradictions du droit civil. Il en élabora une véritable codification. Du «De oratore» au «De officiis», il critiqua la science du droit et la soumit à la loi naturelle, avant d'instituer une méthode de codification protectrice des droits civils, dont se rapprocheront les codes civils français et autrichien. Il faut attendre les réformes du Code civil allemand de 2001 et du Code civil français de 2016 pour rejoindre Cicéron sur le rôle de la bonne foi et de l'imprévision en matière contractuelle.
(Coll. Logiques Juridiques, 26.00 euros, 248 p.)
ISBN : 978-2-343-13327-0, ISBN EBOOK : 978-2-14-004994-1

DROIT DES SOCIÉTÉS COMMERCIALES OHADA
Akam Akam André, Voudwe Bakreo
Ce livre vise à exposer, expliquer, systématiser et critiquer les règles qui régissent la constitution, le fonctionnement et la disparition des sociétés commerciales. Il montre que le droit des sociétés commerciales OHADA vise la promotion, la protection et la société judiciaire des investissements, autant qu'il tend à protéger les intérêts particuliers. En outre, il met en exergue la richesse, la variété et la modernité du droit des sociétés de l'OHADA, ainsi que l'abondance et la qualité des travaux de recherche des auteurs africains et d'ailleurs qui s'intéressent au droit OHADA.
(Coll. Dynamiques du droit OHADA, 55.00 euros, 752 p.)
ISBN : 978-2-343-12819-1, ISBN EBOOK : 978-2-14-005077-0

Structures éditoriales du groupe L'Harmattan

L'Harmattan Italie
Via degli Artisti, 15
10124 Torino
harmattan.italia@gmail.com

L'Harmattan Hongrie
Kossuth l. u. 14-16.
1053 Budapest
harmattan@harmattan.hu

L'Harmattan Sénégal
10 VDN en face Mermoz
BP 45034 Dakar-Fann
senharmattan@gmail.com

L'Harmattan Cameroun
TSINGA/FECAFOOT
BP 11486 Yaoundé
inkoukam@gmail.com

L'Harmattan Burkina Faso
Achille Somé – tengnule@hotmail.fr

L'Harmattan Guinée
Almamya, rue KA 028 OKB Agency
BP 3470 Conakry
harmattanguinee@yahoo.fr

L'Harmattan RDC
185, avenue Nyangwe
Commune de Lingwala – Kinshasa
matangilamusadila@yahoo.fr

L'Harmattan Congo
67, boulevard Denis-Sassou-N'Guesso
BP 2874 Brazzaville
harmattan.congo@yahoo.fr

L'Harmattan Mali
Sirakoro-Meguetana V31
Bamako
syllaka@yahoo.fr

L'Harmattan Togo
Djidjole – Lomé
Maison Amela
face EPP BATOME
ddamela@aol.com

L'Harmattan Côte d'Ivoire
Résidence Karl – Cité des Arts
Abidjan-Cocody
03 BP 1588 Abidjan
espace_harmattan.ci@hotmail.fr

L'Harmattan Algérie
22, rue Moulay-Mohamed
31000 Oran
info2@harmattan-algerie.com

L'Harmattan Maroc
5, rue Ferrane-Kouicha, Talaâ-Elkbira
Chrableyine, Fès-Médine
30000 Fès
harmattan.maroc@gmail.com

Nos librairies en France

Librairie internationale
16, rue des Écoles – 75005 Paris
librairie.internationale@harmattan.fr
01 40 46 79 11
www.librairieharmattan.com

Lib. sciences humaines & histoire
21, rue des Écoles – 75005 Paris
librairie.sh@harmattan.fr
01 46 34 13 71
www.librairieharmattansh.com

Librairie l'Espace Harmattan
21 bis, rue des Écoles – 75005 Paris
librairie.espace@harmattan.fr
01 43 29 49 42

Lib. Méditerranée & Moyen-Orient
7, rue des Carmes – 75005 Paris
librairie.mediterranee@harmattan.fr
01 43 29 71 15

Librairie Le Lucernaire
53, rue Notre-Dame-des-Champs – 75006 Paris
librairie@lucernaire.fr
01 42 22 67 13

www.ingramcontent.com/pod-product-compliance
Lightning Source LLC
LaVergne TN
LVHW021218061026
849535LV00008B/2796
* 9 7 8 2 3 4 3 1 5 1 2 2 9 *